LÍNGUA ESTRANGEIRA MODERNA—ESPANHOL

Formación en Español: lengua y cultura

Dramatización

Autores

Terumi Koto Bonnet Villalba
- Professora de Língua e Literatura Espanhola da Universidade Federal do Paraná (UFPR).
- Doutora em Estudos da Linguagem pela Universidade Federal do Rio Grande do Sul (UFRGS).

Maristella Gabardo
- Professora de Língua Espanhola do Instituto Federal do Paraná (IFPR).
- Mestre em Estudos Linguísticos pela Universidade Federal do Paraná (UFPR).

Rodrigo Rodolfo Ruibal Mata
- Professor de Língua Espanhola do Colégio Bom Jesus – Ensino Fundamental II e Ensino Médio.
- Mestrando em Estudos Linguísticos na Universidade Federal do Paraná (UFPR).

9º ANO

1ª Edição
Curitiba – 2012

BASE EDITORIAL

Dados para Catalogação
Bibliotecária responsável: Izabel Cristina de Souza
CRB 9/633 – Curitiba, PR.

V714f   Villalba, Terumi Koto Bonnet, 1949-
    Formación en español : lengua y cultura : dramatización :
9º ano / Terumi Koto Bonnet Villalba, Maristella Gabardo,
Rodrigo Rodolfo Ruibal Mata. – Curitiba : Base Editorial, 2012.
    128p. : il. col. ; 28cm. - (Língua estrangeira moderna :
espanhol ; v. 4)

    ISBN: 978-85-7905-940-7
    Inclui bibliografia

    1. Língua espanhola (Ensino fundamental) - Estudo e ensino.
I. Gabardo, Maristella. II. Mata, Rodrigo Rodolfo Ruibal. III.
Título. IV. Série.

CDD 21. ed.
372.6561
468.24

Formación en español: lengua y cultura
Copyright – Terumi K. Bonnet Villalba; Maristella Gabardo; Rodrigo R. Ruibal Mata
2012

Conselho editorial
Mauricio de Carvalho
Oralda A. de Souza
Renato Guimarães
Dimitri Vasic

Gerência editorial
Eloiza Jaguelte Silva

Editor
Eloiza Jaguelte Silva

Coordenação de produção editorial
Marline Meurer Paitra

Assistência de produção
José Cabral Lima Júnior
Rafael Ricardo Silva

Iconografia
Osmarina Ferreira Tosta
Ellen Carneiro

Revisão
Terumi Koto Bonnet Villalba
Rodrigo Rodolfo Ruibal Mata
Donália Maíra Jakimiu Fernandes Basso

Licenciamento de texto
Valquiria Salviato Guariente

Projeto gráfico, diagramação e capa
Labores Graphici

Ilustrações
Labores Graphici – Ricardo Luiz Enz

Base Editorial Ltda.
Rua Antônio Martin de Araújo, 343 • Jardim Botânico • CEP 80210-050
Tel: (41) 3264-4114 • Fax: (41) 3264-8471 • Curitiba • Paraná
Site: www.baseeditora.com.br • E-mail: baseeditora@baseeditora.com.br

Presentación

Adivinanza de la esperanza

Lo mío es tuyo,
lo tuyo es mío;
toda la sangre
formando un río.

Nicolás Guillén

Disponible en: <http://www.los-poetas.com/guillen1.htm>. Acceso: el 6 de febrero de 2012.

Sumario

Unidad 1 — Héroes de allá y de acá: D. Quijote y Martín Fierro

Objetivo: Elaborar un mini glosario con las variedades hispánicas 5

Tópicos:
¡Mucho gusto! soy su nuevo lector
El castellano de ayer y de hoy

Soporte lingüístico:
La pronunciación – I revisión

Unidad 2 — Dulce Dulcinea

Objetivo: Elaborar una carta de lector 39

Tópicos:
Sin amor, ¿ qué sería de nosotros?
Amor en prosa y verso

Soporte lingüístico:
La entonación – I

Unidad 3 — Las aventuras quijotescas de allá y de acá

Objetivo: Elaborar rutas culturales por la Mancha, la Caatinga Nordestina y la Región Pampeana 71

Tópicos:
Por los caminos de turismo cultural

Soporte lingüístico:
La pronunciación – II revisión

Unidad 4 — D. Quijote y Martín Fierro revisitados

Objetivo: Producir y exponer poemas de cordel 97

Tópicos:
D. Quijote en la literatura de cordel
Martín Fierro en el cómic

Suporte lingüístico:
La entonación – II

Escuchando (solución) 127

Referencias 128

Objetivo general:

Al término del año lectivo, el alumno deberá ser capaz de dramatizar la historia de D. Quijote.

unidad 1

Héroes de allá y de acá: D. Quijote y Martín Fierro

¡Mucho gusto! Soy su nuevo lector
El castellano de ayer y de hoy

Objetivo:
Elaborar un mini glosario con las variedades hispánicas.

Calentando el motor

1. Tanto D. Quijote y Sancho Panza como Martín Fierro son personajes canónicos (=clásicos) de la literatura occidental. Busquen datos sobre los mismos para comentarlos en clase y anotarlos en el espacio correspondiente:

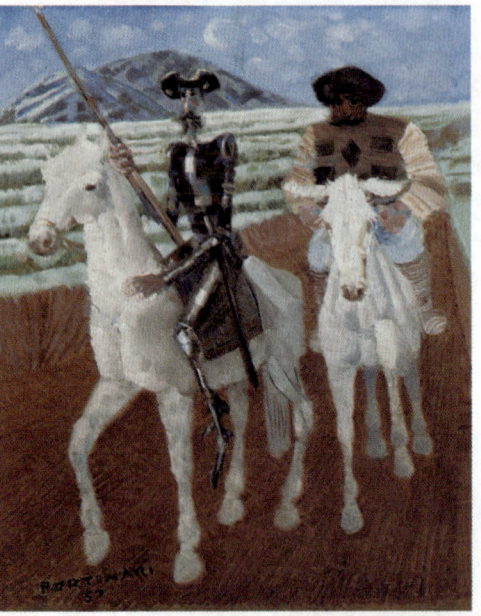

PORTINARI, Candido. **Dom Quixote**. 1957. Óleo sobre madeira, 45,7 cm x 37,5 cm. Coleção Particular, Rio de Janeiro (RJ).

anderson dias/C. Commons

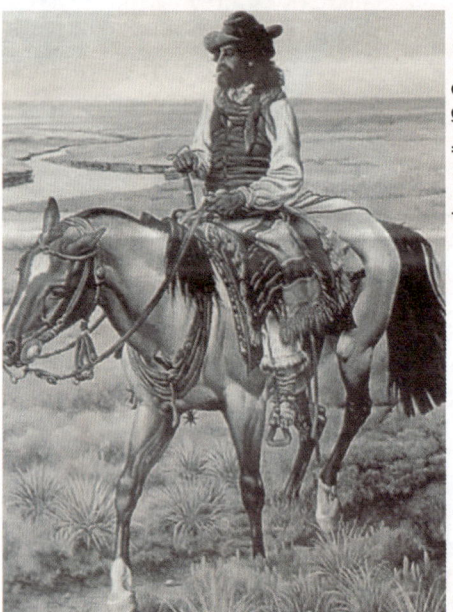

Ilustración de Rodolfo Ramos para el libro "La vuelta de Martín Fierro" de José Hernández en 1879. Museo Histórico Nacional, Argetina.

a) ¿En qué obras aparecen como protagonistas?

b) ¿Quiénes son sus autores?

c) ¿En qué año fueron publicados?

Puerta de acceso

El Quijote por sus lectores

Por Sergio Sotelo

Opinaba el escritor italiano Ítalo Calvino que un clásico es un libro inagotable, una obra que nunca acaba de decirnos todo aquello que tiene que decir. En esa raza y mágica cualidad reside hoy [...] la vigencia del Quijote.

[...]

La Revista ha convocado a un puñado de apasionados lectores de Cervantes para que hablen del espíritu y de las enseñanzas de una de las novelas más leídas de todos los tiempos. Una novela inmortal que el escritor brasileño calificó como una obra escrita con la pluma del humor y la tinta de la melancolía...

Tienen la palabra Jorge Edwards, Ignacio Arellano, Marcelo Estefanell, Héctor Tizón y Hu Zhencai.

Los lectores

Jorge Edwards (Chile, 1931)

Escritor, premio Cervantes 1999

Llegó al Quijote a través de la lectura que hicieron del clásico Ilustres Escritores [...]. Reivindica el genio de Cervantes y desmiente la idea de que Don Quijote es una criatura que supera a su autor. "Cervantes es un gran humanista, y todos estos personajes que inventó son proyecciones suyas", afirma.

Ignacio Arellano (España, 1956)

Cervantista y director del Grupo Investigación Siglo de Oro, vinculado a la Universidad de Navarra, España

Cuando tenía diez años, una tía le regaló su primer Quijote, un volumen con ilustraciones de Gustave Doré que aún conserva. Previene a los futuros lectores sobre los propagandistas modernos, esos que, sin haber leído a los clásicos, dicen que estos son "aburridos y difíciles".

Don Quijote, ilustración de Gustave Doré, 1863.

Hu Zhencai (China, 1950)

Editor de las Obras Completas de Cervantes en chino

Se encandiló con las andanzas de Don Quijote en los años 70, cuando empezó a estudiar español en la universidad. [...] Está convencido de que "esta sociedad de aspiraciones materiales en la que vivimos necesita más héroes idealistas como el Quijote".

> **Encandilarse**: quedarse fascinado con algo; cegarse con mucha luz.

Héctor Tizón (Argentina, 1929)

Escritor, juez, periodista y diplomático

Incursionó por primera vez en la historia de Alonso Quijano a través de una edición resumida que, ahora recuerda, "tenía ilustraciones de color sepia". Fue durante una convalecencia, a los catorce o quince años. "Y realmente no pude dejar de leerlo hasta que llegué a la última página...", rememora.

> **Color sepia**: color ocre rojizo.

Marcelo Estefanell (Uruguay, 1951)
Editor gráfico y escritor

Descubrió al famoso hidalgo en la cárcel, mientras cumplía condena por su militancia en el grupo Tupamaros. Maravillado por su espíritu de la obra, en 2003 cometió el "atrevimiento" de retomar el personaje en su libro "Don Quijote de la cancha". [...]

RLN, la revista de La Nación, 26 de diciembre de 2004.

1. Aparte de ser profesionales vinculados al área de literatura, ¿en qué coinciden los cinco lectores de D. Quijote?

_____

2. Arellano y Tizón tuvieron el primer contacto con la obra de Cervantes cuando eran adolescentes. ¿Cómo consideran esa experiencia de lectura?

_____

3. Según Zhencai, ¿por qué necesitamos héroes como D. Quijote?

_____
_____

4. Teniendo en cuenta la opinión de Jorge Edwards, corrige las alternativas incorrectas:

   a) D. Quijote es el ejemplo de personaje que supera a su creador.

   b) Cervantes inventó otros personajes muy interesantes.

   c) Por muy real que parezca D. Quijote, no es sino una proyección de Cervantes.

   d) El personaje D. Quijote es el retrato de una persona conocida de Cervantes.

   e) La creación de D. Quijote revela la genialidad de Cervantes.

_____
_____
_____
_____

5. Teniendo en cuenta las afirmaciones de los cinco lectores de D. Quijote, ¿cuáles de las siguientes alternativas son correctas?

   a) Hu Zhencai no había leído D. Quijote hasta ingresar en la Universidad.

   b) Héctor Tizón ya conocía la historia de D. Quijote cuando tuvo ocasión de leer la versión resumida.

   c) Ignacio Arellano advierte a los futuros lectores de D. Quijote de que se trata de una obra aburrida y difícil.

   d) Marcelo Estefanell leyó D. Quijote cuando estaba preso por razones políticas.

   e) Jorge Edwards conoció D. Quijote cuando tuvo que leer obras clásicas.

   f) Héctor Tizón se animó a leer D. Quijote porque la edición escogida era ilustrada.

Explorando el texto

1. Tomando como base la afirmación de Ítalo Calvino de que "*un clásico es un libro inagotable, una obra que nunca acaba de decirnos todo aquello que tiene que decir*", explica con tus palabras qué es una obra clásica.

2. En el artículo escrito por Sergio Sotelo, el autor afirma que la Revista ha convocado a un grupo de lectores de Cervantes. ¿A qué revista se refiere?

Fotografía tirada cerca de 1896.

3. Machado de Assis (Brasil, 1839-1908) calificó la obra "El ingenioso hidalgo D. Quijote de La Mancha" de Cervantes como "*una obra escrita con la pluma del humor y la tinta de la melancolía*". Señala la alternativa que explica adecuadamente la frase del autor brasileño.

   a) La historia de D. Quijote revela un personaje divertido y melancólico.

b) Cervantes escribió su propia historia con humor y melancolía.

c) D. Quijote es un personaje que enseña que no se debe perder humor ni siquiera en la tristeza.

d) Para Machado de Assis, la historia de D. Quijote hace reír, pero en el fondo es triste.

4. ¿Qué significan los nombres de países y los años que acompañan a los nombres de los especialistas convocados?

_____

_____

5. ¿Qué significa la expresión "cervantista"?

_____

Algunas obras de Miguel de Cervantes

Novela:
- El ingenioso hidalgo don Quijote de la Mancha;
- La Galatea;
- Viaje al Parnaso;
- Los trabajos de Persiles y Segismunda;
- Novelas ejemplares.

Teatro:
- Tragedia de Numancia;
- Trato de Argel;
- El gallardo español;
- La casa de los celos;
- La guarda cuidadosa;
- El viejo celoso;
- La entretenida.

Otros:
- Índice de primeros versos de todas las poesías;
- Índice de primeros versos de poesías sueltas;
- Al túmulo del rey Felipe II en Sevilla;
- A la entrada del duque Medina en Cádiz.

Adaptado de: <http://cervantes.uah.es/obras.htm>.

Interactuando con el texto

En parejas.

1. Anoten dos nombres de autores clásicos de la literatura brasileña.

2. ¿Están de acuerdo con la opinión de Hu Zhencai de que la sociedad moderna necesita héroes idealistas? ¿Por qué?

3. Marcelo Estefanell afirma que leyó D. Quijote cuando estaba preso por ser militante del grupo Tupamaros. ¿Quiénes eran los tupamaros? Anoten una breve explicación sobre este grupo uruguayo.

4. Busquen algunas informaciones sobre la obra "*Don Quijote de la cancha*" de Marcelo Estefanell y anótenlas a continuación.

5. Elijan uno de los consejos indicados a continuación y opinen si están de acuerdo o no, justificando su respuesta.

Consejos para principiantes

a) "La peor actitud que se puede tener antes de abordar el Quijote es el temor reverencial. El Quijote ha sido escrito no para eruditos, sino para los millones de lectores que el libro viene teniendo desde que se editó hasta ahora: ha sido escrito para la gente común." (Héctor Tizón)

b) "El único consejo que se puede dar es que lo abran y empiecen a leerlo. Si una vez empezado no les interesa, menos me van a creer a mí que a Cervantes. Pero creo que si un lector lo empieza no lo dejará. Si es algo vago, puede saltarse sin miedo algunas novelas intercaladas y seguir de cerca a Don Quijote y Sancho. Merecerá la pena." (Ignacio Arellano)

Sugerencia:

a) Leer la adaptación brasileña hecha por Monteiro Lobato: "Dom Quixote das crianças";

b) Leer la adaptación española preparada especialmente para jóvenes extranjeros aprendices de español (ed. Edelsa).

El objetivo es conocer las aventuras de D. Quijote y Sancho Panza.

CAMPOS, Jurandir Ubirajara. **Monteiro Lobato**. Século XX. Coleção J. U. Campos, São Paulo (SP).

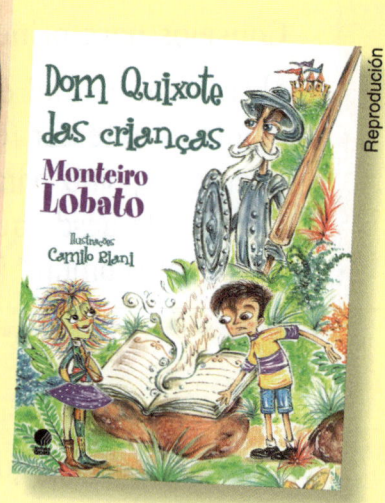

Emília descobre o Dom Quixote

Emília estava na sala de Dona Benta, mexendo nos livros. Seu gosto era descobrir novidades — livros de figura.

[...] porta da cozinha. Em seguida voltou correndo para o livro. Abri-o e leu os dizeres da primeira página: O ENGENHOSO FIDALGO **DOM QUIXOTE DE LA MANCHA** – POR MIGUEL DE CERVANTES SAAVEDRA

— Saavedra! — exclamou. — Para que estes dois *aa* aqui, se um só faz o mesmo efeito? — e, procurando um lápis, riscou o segundo *a*.

[...] Dona Benta, na noite desse mesmo dia, começou a ler para os meninos a história do engenhoso fidalgo da Mancha. Como fosse livro grande demais, um verdadeiro trambolho, aí do peso de uma arroba. Pedrinho teve de fazer uma armação de tábuas que servisse de suporte. Diante daquela imensidão, sentou-se Dona Benta, com a criançada em redor.

— Este livro — disse ela — é um dos mais famosos do mundo inteiro. Foi escrito pelo grande Miguel de Cervantes Saavedra... Quem riscou o segundo *a* de Saavedra?

— Fui eu — disse Emília.

[...]

LOBATO, Monteiro. **Dom Quixote das crianças**. Círculo do livro S. A. São Paulo, 1985.

Puerta de acceso

Sugerencia: La clase debe organizarse en equipos de 3 ó 4 compañeros y cada uno debe haber buscado informaciones sobre quién es D. Quijote: de dónde es (La Mancha – España), a cuál época pertenecería (posiblemente, s. XVI), cómo es su figura (un hombre delgadísimo), quién es su escudero (Sancho Panza). Asimismo, cada uno debe llevar a la clase una ilustración de D. Quijote y Sancho Panza, que deberá ser pegada en el espacio indicado. Los mismos equipos deberán realizar las actividades juntos.

"El ingenioso hidalgo D. Quijote de La Mancha"

La trama

"Trata de un señor que comete el pecado de creer que todo lo que lee es cierto.

Y como cree que todo lo que lee es cierto, idealiza las novelas de caballeros... Idealiza el oficio de caballero y se empeña en creer que, imitando esos libros, va a salvar el mundo."

ESTEFANELL, Marcelo. El retorno de Don Quijote, caballero de los galgos: aventuras inéditas del ingenioso hidalgo de la macha. Buenos Aires: Ediciones Carolina, 2004.

1. ¿Crees en todo lo que lees?
   _____

2. ¿En qué tipo de texto la gente cree más fácilmente?
   _____

3. ¿Por qué es importante ser crítico de lo que se lee?
   _____

Escuchando

Pista 1

Ahora escucha otra explicación sobre la trama. ¿Has comprendido la historia de Don Quijote? Escríbela con tus propias palabras.

_____
_____
_____
_____
_____
_____
_____

Las versiones

Versión adaptada:

En un lugar de La Mancha, de cuyo nombre no quiero acordarme, vivía un hidalgo caballero que tenía cincuenta años; era de complexión recia, seco de carnes, enjuto de rostro, gran madrugador y amigo de la caza.

Tenía una fortuna discreta. Vivían con él su sobrina, un ama y un mozo de campo que se encargaba de todas las tareas, tanto del campo como de la casa.

Algunos dicen que este hidalgo caballero tenía el sobrenombre de Quijada o Quesada y, otros, Quejana. Pero esto importa poco a nuestro cuento; basta que esta narración no se salga un punto de la verdad.

SPIEGEL, A.; SAPONISC, S. **Camino al Quijote**. México: Club de Lectores, 2005.

Versión original

Capítulo I

Que trata de la condición y ejercicio del famoso hidalgo don Quijote de La Mancha (fragmento).

En un lugar de La Mancha, de cuyo nombre no quiero acordarme, no ha mucho tiempo que vivía un hidalgo de los de lanza en astillero, adarga antigua, rocín flaco y galgo corredor. Una olla de algo más vaca que carnero, salpicón las más noches, duelos y quebrantos, los sábados, lantejas, los viernes, algún palomino de añadidura los domingos, consumían las tres partes de su hacienda. El resto de ella concluían sayo de velarte, calzas de velludo para las fiestas, con sus pantuflos de lo mismo, y los días de entresemana se honraba con su vellorí de lo más fino. Tenía en su casa una ama que pasaba de los cuarenta y una sobrina que no llegaba a los veinte, y un mozo de campo y plaza que así ensillaba el rocín como tomaba la podadera. Frisaba la edad de nuestro hidalgo con los cincuenta años. Era de complexión recia, seco de carnes, enjuto de rostro, gran madrugador y amigo de la caza. Quieren decir que tenía el sobrenombre de "Quijada", o "Quesada", que en esto hay alguna diferencia en los autores que de este caso escriben, aunque por conjeturas verisímiles se deja entender que se llamaba "Quijana". Pero esto importa poco a nuestro cuento: basta que en la narración de él no se salga un punto de la verdad.

TROUCHE, A.; REIS, I (Orgs.) Dom Quixote: utopias. Niterói: UFF, 2005.

Traducción libre al portugués:

Capítulo 1

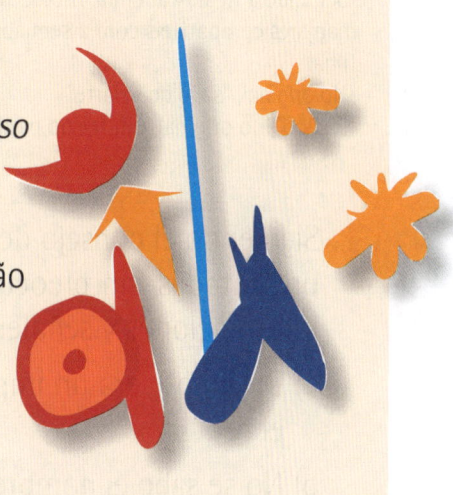

Que trata da condição[1] e exercício[2] do famoso e valente fidalgo Dom Quixote de La Mancha (fragmento).

Em um lugar de La Mancha de cujo nome não quero me lembrar, não faz muito tempo que vivia um fidalgo desses com lança esquecida no gancho, escudo antigo[3], rocim magro e cachorro caçador[4].

Um cozido mais de vaca que de carneiro, salpicão[5] na maioria das noites, "duelos e quebrantos"[6], lentilhas às sextas, algum pombinho para melhorar aos domingos, consumiam três quartos de sua renda. O resto era consumido por um traje antiquado de tecido escuro[7], calções de veludo para os dias de festa com pantufas do mesmo, e nos dias de semana honrava-se com um tecido ralo[8]. Tinha em sua casa uma ama que passava dos quarenta e uma sobrinha que não chegava aos vinte, além de um moço para todo o serviço que tanto encilhava o rocim como empunhava a podadeira. A idade de nosso fidalgo beirava os cinquenta anos. Era de compleição rija, seco de carnes, enxuto de rosto, grande madrugador e amigo da caça. Dizem alguns que tinha o sobrenome de Quijada ou Quesada, e neste ponto diferem os autores que escrevem sobre este caso, embora por conjeturas verossímeis seja possível perceber que se chamava Quijana. Mas isso pouco importa a nosso conto: basta que a narração dele não se afaste um ponto da verdade.

BARBOSA DO NASCIMENTO, M. B. Entre a realidade e a ficção, quatrocentos anos depois. In: TROUCHE, A.; REIS, L. **Dom Quixote**: utopias. Niterói: UFF, 2005.

[1]Por condição, entendam-se tanto a condição social como as características pessoais, segundo Rico (in: CERVANTES, 2004, p.27).
[2]Exercício se refere ao modo de pôr em prática tal condição.
[3]O personagem é apresentado como um fidalgo rural, mas seus símbolos de fidalguia apontam para seu empobrecimento.
[4]Galgo corredor, no original, pois esse era o cão usado nas caçadas.
[5]Comida feita com sobras do almoço.
[6]Segundo a Real Academia, fritada feita com ovos e miúdos de animais, especialmente torresmos e miolos, manjares compatíveis com a semiabstinência de preceito religioso que se guardava, aos sábados, em Castilha.
[7]No original, "sayo de velarte".
[8]"Vellorí", no original, um tecido pardo de qualidade média.

1. Siguiendo el consejo de Ignacio Arellano (página 13), lean las tres versiones presentadas, sin preocuparse con cada palabra desconocida. Comparen las informaciones y señalen las alternativas correctas:

    a) D. Quijote era un importante hidalgo de la corte nombrado caballero por el rey.

    b) No se sabe el nombre del pueblo de La Mancha donde vivía D. Quijote.

c) Cuando vivía en un pueblo de La Mancha, D. Quijote era conocido como Quijada o Quesada, pero también podría ser Quijana.

d) Lo que se sabe con seguridad es que D. Quijote tenía una sobrina, un ama y un mozo que le ayudaban a cuidar su propiedad.

e) A pesar de tener casi cincuenta años, D. Quijote mantenía la costumbre de madrugar y de salir a cazar.

f) La alimentación de D. Quijote era irregular, puesto que comía lo que hubiera.

2. Según los textos presentados, ¿en qué consiste la contradicción?

   a) D. Quijote era simplemente un hidalgo rural, pero vivía en un castillo.
   b) Por ser hidalgo, D. Quijote madrugaba pero no trabajaba.
   c) D. Quijote tenía casi cincuenta años, pero no estaba casado.
   d) D. Quijote era un hidalgo famoso, pero hay dudas sobre su nombre.

3. Justifiquen la respuesta anterior.

   _____

Interactuando con el texto

En parejas.

1. ¿Qué es un caballero andante? Anoten su respuesta a continuación.

   _____
   _____

2. El nombre "D. Quijote" es complementado con la expresión "de La Mancha", que indica su origen. ¿En qué parte de España está ubicada La Mancha?

   _____

3. Lean un fragmento del poema "Dom Quixote" y propongan cómo sería un D. Quijote brasileño actual: dónde vive, cómo es, qué come, qué costumbres tiene, etc.

DOM QUIXOTE

Olegário Alfredo (Mestre Gaio)

Vou contar neste cordel / Com jeito bem brasileiro / A história dum fidalgo / e seu fiel escudeiro / Dom Quixote se chamou / Este nobre cavaleiro / O andarilho Dom Quixote / Viveu em terras distantes / O seu gênio criador / Digo, foi Miguel de Cervantes / Dom Quixote pelo mundo / Está vivo nas estantes.

Lá pelas bandas da Espanha / Onde nuvem se desmancha / Viveu um nobre fidalgo / Dotado de muita cancha / Conhecido pelo nome / Dom Quixote de La Mancha / Gostava muito de ler / História de cavaleiro / Acabou se confundindo / Com um desse aventureiro / Saiu pelas redondezas / Em garbo de justiceiro.

[...]

Quixano já amadurecido / Cinquenta anos no cangote / Preferiu trocar de nome / E passar pra Dom Quixote / Por ser título de cavaleiro / Com cavalo bom de trote. / Bastante rico ele foi / Mas em pobre se tornou / Não perdeu a elegância / Roupas boas sempre usou / E quem via sua figura / Pensava ver um doutor.

Disponible en: <http://efecade.com.br/index.php?texto=1948>. Acceso: el 4 de enero de 2012.

> **Sugerencia:** Discutir el estereotipo de "doutor" bien vestido, como si la ropa pudiera darle status social o académico a cualquier individuo. Relacionar esta discusión con el uso de la palabra "doutor" en varias circunstancias, incluso en la calle cuando un vendedor trata a su cliente de "doutor".

4. Organicen los datos (con ilustraciones) en una cartulina y expónganlos en el mural de su clase.

Puerta de acceso

"El gaucho Martín Fierro"

Dança tradicional gaúcha na cidade de Santiago no Rio Grande do Sul, 2006.

Sugerencia: Todos los alumnos deben buscar algunos datos sobre la cultura gauchesca: en cuáles países se mantiene la tradición gauchesca, cómo es su indumentaria, qué come, qué es el Centro de Tradición Gaucha (CTG), la música y la danza, las diferencias regionales, etc. También es interesante que sus alumnos hayan averiguado algo sobre el poema "Martín Fierro": quién lo escribió, de qué trata el poema, cuándo fue publicado, etc.

Los lectores

Decir que uno descubre a Martín Fierro es tan absurdo como decir que uno descubre el fútbol, porque uno crece con la pelota en los pies y con algún verso de Fierro en la boca. Tendría unos trece años, me acuerdo que me lo leí de un tirón. Y lo que más me impresionó fue el descubrir de dónde salían frases como "todo bicho que camina..." o "los hermanos sean unidos...", o sea, cosas que las escuchaste desde siempre y las repetiste mil veces pero que nunca te preguntaste de dónde habían salido. Por eso, leer el Martín Fierro por primera vez no fue descubrirlo, porque cualquier gurí de esa edad sabe que fue un gaucho que vivió en la Pampa cien años atrás. No, no fue eso, fue como descubrirme un poquito más a mí mismo y a mi propia gente.

(R. R., lector uruguayo)

Descubrir a Martín Fierro fue una experiencia dolorosa, porque la cultura pampeana no formaba parte de mi vida. ¿Cómo imaginarme esa llanura a la vez relajante y agobiante solo con leer un poema? ¿Cómo sentir esa figura humana sobre un caballo, perseguido y maltratado por una supuesta modernidad? ¿Cómo entender el mensaje de su autor que no se limita a criticar el poder sino que desvela la soledad existencial? No, definitivamente, Martín Fierro era un extranjero, un extraño, quizá un alienígena que hablaba una lengua distinta a las que había aprendido: ni portugués, ni español. Después de unas cuantas relecturas – a cada lectura, un descubrimiento – descubrí la pampa. Y el poema se hizo vivo y me abrazó.

(L. T., lectora brasileña)

1. Los dos testimonios difieren entre sí en que:
    a) sienten pasión por el poema "Martín Fierro" y lo que representa para los gauchos.
    b) tienen el mismo el grado de familiaridad con la cultura gauchesca.
    c) comprendieron el significado del poema a la primera lectura.
    d) no tuvieron dificultad en entender el idioma castellano.

2. Transcribe la frase donde el lector uruguayo indica que el Martín Fierro representa la identidad nacional.

3. Si el poema "Martín Fierro" fue escrito por un argentino para retratar la vida de un individuo argentino, ¿por qué el lector uruguayo lo reconoce como siendo nacional?

¿Martín Fierro nos representa?

[...]

Un día como el de hoy (ignoro si tan soleado, en ese caso, pobres los peones de estancia), pero de 1872 aparecían los folletines de una obra clásica de la literatura argentina y de habla hispana: EL GAUCHO MARTÍN FIERRO. Surgen frecuentes interrogantes sobre un poema que no deja de ser analizado y criticado. Uno de los aspectos más interesantes nos lleva a entender que el lenguaje logrado por Hernández (inspirado en convivencia con el paisanaje de su estancia) ha hecho que la obra tome una significancia más importante que la propia intención con la que fue escrita. A los políticos de su tiempo (Sarmiento, Mitre, Avellaneda) ni los movieron las críticas que José Hernández pretendió realizar cuando observó las condiciones en las que vivía – o sobrevivía – el gaucho.

> **Estancia:** finca agrícola o ganadera de gran extensión.
> **Folletín:** escrito de tema narrativo que se publica por partes en periódicos o revistas.

[...]

Muchos autores y críticos literarios señalan que hay un antes y un después de Martín Fierro. No solo por el poema en sí, sino por los valores (o antivalores), por la construcción de personajes, la descripción de paisajes, los indígenas de la pampa, el sistema, la injusticia, la miseria. Todos estos elementos han sido criterios para preguntarse si el poema de Hernández nos conduce hacia una idea más próxima de "el ser nacional".

[...]

Resulta importantísima la lectura en las escuelas pero hay que hacer foco en muchas cuestiones que rodean a la obra: contexto, sociedad, lenguaje y subjetividad, acompañado por tópicos que conducen a una interpretación constructiva de un poema que, para muchos y en muchas cosas, nos representa.

Paisanaje: relación que contraen las personas que nacen en el mismo lugar.

Disponible en: <http://manifiestodellector.blogspot.com.br/search?updated-min=2011-01-01T00:00:00-03:00&updated-max=2012-01-01T00:00:00-03:00&max-results=37>.
Acceso: el 2 de enero de 2012.

1. Según la opinión del autor de este manifiesto, la obra "Martín Fierro" es importante porque:

    a) hace una crítica contra los políticos de su tiempo.

    b) el lenguaje utilizado fue inspirado en la forma de hablar de los paisanos de su estancia.

    c) elogia la forma de vivir de los gauchos de su tiempo.

    d) destaca la belleza del paisaje nativo como un lugar paradisíaco.

    e) trata el gaucho y su contexto social, cultural, político como elemento representativo de la cultura pampeana.

2. Cuando se pregunta en el título "¿Martín Fierro nos representa?" ¿a quiénes se refiere el autor?

    _____
    _____

3. Según el texto, ¿cuál sería la intención de Hernández al escribir la historia de Martín Fierro?

    _____
    _____

4. Transcribe la frase que confirma la respuesta anterior.

    _____
    _____

Explorando el texto

En grupos de 3 ó 4 compañeros.

1. Lean el texto "Lectores de lectores" de Ana Virginia Lona. Según ella, "El gaucho Martín Fierro" forma parte de un conjunto de "textos fundacionales". *Es decir, textos que fueron escritos en los albores de nuestra nación, por lo tanto, serían también los albores de nuestra identidad nacional. En consecuencia, estos textos conforman una serie de lecturas que definirían al ser nacional, y se presentan como respuestas a cualquier duda sobre nuestra identidad nacional.*

Disponible en: <http://www.revistamagna.com.ar/index.php?option=com_content&view=article&id=164%3Alectores-de-lectores&CATID=25%3Aliteratura&Itemid=54>. Acceso: el 2 de enero de 2012.

2. ¿Por qué es importante el poema "Martín Fierro"?

3. Expliquen qué se entiende aquí por "textos fundacionales".

4. Si América fue descubierta por Cristóbal Colón en 1492 la independencia de Argentina se dio en 1816 y la obra de José Hernández fue publicada en 1872, ¿por qué afirma Ana Virginia Lona que el poema Martín Fierro es un texto fundacional?

5. ¿En qué fecha fue declarada la independencia de Brasil?

6. Anoten dos obras clásicas brasileñas del siglo XIX que aborden el tema de la identidad nacional.

7. Discutan y anoten qué otras cosas representan a los brasileños.

Interactuando con el texto

En equipos de 3 ó 4 compañeros.

1. Examinen y consideren las siguientes afirmaciones:

    a) Todas las lenguas cambian, varían e, incluso, se mezclan, debido a circunstancias ideológicas, sociales, religiosas, étnicas, sexuales, económicas, etc.

    b) El resultado son las variedades lingüísticas. Así, el castellano hablado en Buenos Aires es distinto (pero no "mal hablado") del que hablan los bogoteños.

    c) Desde el punto de vista lingüístico, no existe lengua "fea" ni "bonita". Así, no se justifica discriminar a alguien por hablar de una forma distinta a los demás.

2. Teniendo en cuenta las afirmaciones anteriores, ¿es adecuado declarar que el spanglish (mezcla de inglés y español) es "el lenguaje de una subcultura"? ¿Por qué?

3. Discutan sobre las variaciones regionales del portugués brasileño, como, por ej., el portugués de Recife, de la zona urbana de Rio de Janeiro, de Porto Alegre o de Belém, y anoten sus opiniones, teniendo en cuenta los siguientes puntos:

   a) ¿alguna variedad puede ser considerada "fea"?

   b) ¿tienen preferencia por algunas variedades?

   c) ¿se puede descriminar a alguien que hable de forma distinta a la de ustedes? ¿Por qué?

   d) ¿hay problemas de comunicación o de comprensión entre personas de diferentes regiones? En caso afirmativo, ¿cómo los solucionarían?

   _____
   _____

4. Anoten algunas diferencias que existen entre el portugués que usan y el que aprenden en la escuela. Por ej.: *A gente vamo pra casa.* X *Nós vamos para casa.*

   _____
   _____

5. Lean el texto sobre el portuñol y discutan si hay diferencias entre la relación del spanglish en el territorio norteamericano y el portuñol en las fronteras de Brasil con los países hispanohablantes.

Portuñol americano

Se da sobre todo en las fronteras de Brasil con Argentina, Colombia, Perú, Paraguay, Venezuela y Uruguay. En este último caso en particular, donde el portuñol con 250 años de antigüedad tiene amplio alcance y es hablado por la mayoría de los habitantes de las ciudades norteñas y las limítrofes debido a la integración que ocurre entre los dos pueblos o regiones como la Frontera de la Paz, también se lo conoce como bayano, portuñol riverense o fronterizo, y técnicamente como DPU (dialectos portugueses del Uruguay, país que se separó de las Provincias Unidas del Río de la Plata y fue anteriormente invadido por el Brasil durante una década), aunque los locales por lo general lo llaman portuñol, a secas.

Disponible en: <http://es.wikipedia.org/wiki/Portu%C3%B1ol>. Acceso: el 12 de febrero de 2009.

6. Anoten sus respuestas a continuación.

_____
_____
_____
_____
_____
_____
_____
_____
_____
_____

Punto de apoyo

El glosario de las variantes hispanoamericanas

Chícharo: es como se denominan en México a las arvejas en Argentina, los petit pois en Venezuela y las ervilhas en Brasil.

Olote: así le dicen en México al maíz; jojoto, como le dicen en Venezuela o choclo, como le dicen en Argentina; milho verde, en Brasil.

Tapatío: así se le llama al nacido en la ciudad de Guadalajara, en el Estado de Jalisco, México. De ahí el nombre de la más tradicional danza mexicana, conocida como el "tapatío".

Teque: expresión coloquial cubana para referirse a las personas que siempre hablan en tono de discurso político-ideológico, que "dan teque". El teque se ajusta a ideas de izquierda o de derecha, pero obviamente en la isla, los "tecosos" son siempre aquellos compañeros preocupados por actuar según las orientaciones del partido.

Disponible en: <http://www.pensandoenlasmusaranas.com/glosario>. Acceso: el 13 de febrero de 2009.

Puerta de acceso

Las siguientes estrofas pertencen a la segunda parte del libro de José Hernández "La vuelta de Martín Fierro". En ellas, el personaje principal les da consejos a sus hijos. Léelos y reponde las preguntas.

Texto 1

Los hermanos sean unidos
porque ésa es la ley primera;
tengan unión verdadera
en cualquier tiempo que sea,
porque, si entre ellos pelean,
los devoran los de ajuera.

Texto 2

Las faltas no tienen límites
como tienen los terrenos;
se encuentran en los más buenos,
y es justo que les prevenga:
Aquél que defectos tenga,
disimule los ajenos.

Al que es amigo, jamás
lo dejen en la estacada;
pero no le pidan nada
ni lo aguarden todo de él.
Siempre el amigo más fiel
es una conduta honrada.

Texto 3

Para vencer un peligro,
salvar de cualquier abismo,
por esperencia lo afirmo,
más que el sable y que la lanza
suele servir la confianza
que el hombre tiene en sí mismo.

Dejar a alguien en la estacada: abandonarlo, dejarlo en peligro.

Faltas: errores.

HERNÁNDEZ, José. Martín Fierro. Madrid: Edimat Bibros S. A., 2004. (Colección Clásicos Selección).

1. Ya sabes que la intención principal de J. Hernández al escribir la obra era la de revelar la condición miserable en la que vivían los gauchos argentinos. Entonces, ¿cuál crees que fue la intención del autor al hacer que Martín Fierro les diera consejos a sus hijos?

_____
_____
_____

2. El diccionario virtual de la Real Academia Española dice que la "virtud" es, entre otras cosas:
   - actividad o fuerza de las cosas para producir o causar sus efectos;
   - integridad de ánimo y bondad de vida;
   - disposición constante del alma para las acciones conformes a la ley moral;
   - acción virtuosa o recto modo de proceder.

   Así, ¿cómo definirías, en pocas palabras, las virtudes humanas que el autor intenta enseñar en los tres textos?

   _____
   _____

3. Transcribe los versos que confirman tu respuesta anterior.

   _____
   _____
   _____
   _____

4. "Los hermanos sean unidos porque ésa es la ley primera...", ¿a qué ley primera se refiere el autor?

   _____
   _____

Interactuando con el texto

En equipos de 2 ó 3 compañeros.

Vuelvan a leer las 4 estrofas y reflexionen sobre las virtudes mencionadas. Después contesten las preguntas a seguir.

1. ¿Les parece que es correcto pensar que hay que tolerar los errores ajenos? ¿Por qué?

   _____
   _____
   _____

2. Busquen en el diccionario el significado de la palabra "fraternidad" y expliquen por qué les parece importante ser fraterno.

   _____
   _____
   _____

3. Analicen los siguientes versos: "Siempre el amigo más fiel / es una conduta honrada" y expliquen el por qué de esta comparación.

   _____
   _____
   _____

4. ¿Por qué es importante tener confianza en sí mismo? Describan alguna situación en la que el tener confianza en sí mismo sea importante.

   _____
   _____
   _____

5. Elijan una de las virtudes que se mencionaron y hagan carteles explicando su importancia y las consecuencias positivas de poseer tal virtud.

Punto de apoyo

Vuelve a leer las estrofas y observa la forma en que Martín Fierro aconseja a sus hijos. Él usa los verbos de forma imperativa, lo que es muy normal en español.

1. Transcribe los versos en los que aparece algún consejo dado con el verbo de forma imperativa y subráyalo. Por ejemplo: En el texto 1) Los hermanos <u>sean</u> unidos...

_____
_____

2. Ahora puedes darles consejos a tus compañeros usando las formas imperativas de los verbos. Escribe a seguir por lo menos tres consejos que le darías a un amigo.

_____
_____
_____
_____

3. Observa en los textos la palabras "ajuera", "conduta", "esperencia". Cuando el autor escribió el poema, lo hizo imitando el habla coloquial del gaucho argentino. Por eso, estas palabras no están correctamente escritas según la norma culta del español. Corrígelas con la ayuda de un diccionario.

a) Ajuera: _____
b) Conduta: _____
c) Esperencia: _____

Practicando la lengua

En parejas.

1. Busquen en un diccionario de americanismos algunos vocablos (por lo menos 5) que posean un significado específico según la región o país.

2. Organicen su mini glosario, compárenlo con el de sus compañeros para reunir todos los datos (en orden alfabético) en una cartulina y exponerlos en el mural de su clase.

Publiquen el glosario de su clase en el diario que sus compañeros del 8º año están preparando para el fin de año.

Puerta de salida

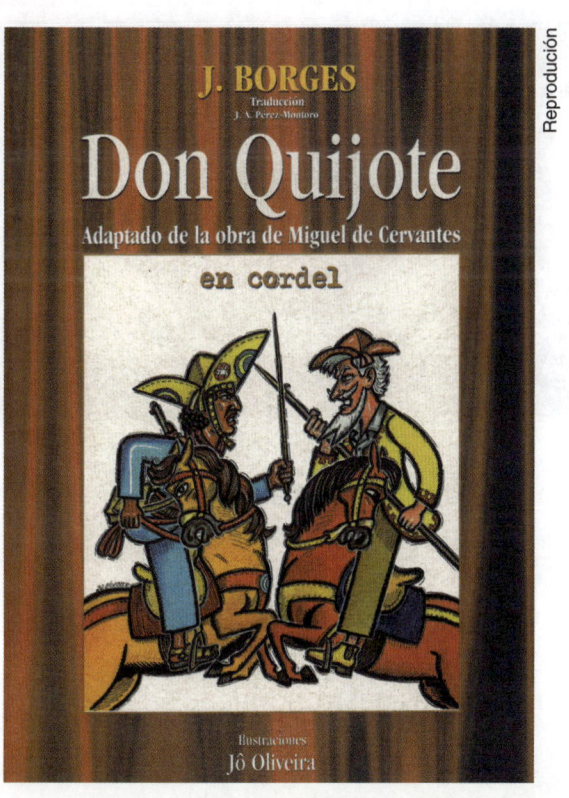

ATENCIÓN:
1. A partir de esta unidad habrá un fragmento de la historia de D. Quijote en cordel que deberá ser leída o representada al final del curso lectivo.
2. En cada unidad habrá alrededor de 10 estrofas que serán repartidas entre todos los equipos.
3. Antes de empezar la tarea, todos deben leer silenciosamente todas las estrofas de la unidad y comentar las dudas.
4. A seguir, todos deben escuchar el compacto para corregir la pronunciación y adecuar la entonación.

Escuchando

Pista 2

Escucha el audio y acompaña, en voz baja, la lectura del Don Quijote en cordel, de José Borges, traducido al español. Presta atención a la declamación del poema.

Jô Oliveira/J. Borges

Era una vez una aldea
Al igual que otras que había
y allí vivía un hidalgo
flaco, mas siempre comía:
carne y fritos y lentejas,
y demás gastronomía.

Devoró toda su hacienda
para acabar siendo pobre;
pero noble parecía
— La carta la oculta el sobre —,
Quien lo viera no pensaba
que tuviera poco cobre.

En su casa, poca gente:
él y un ama gobernanta,
más sobrina, buena moza,

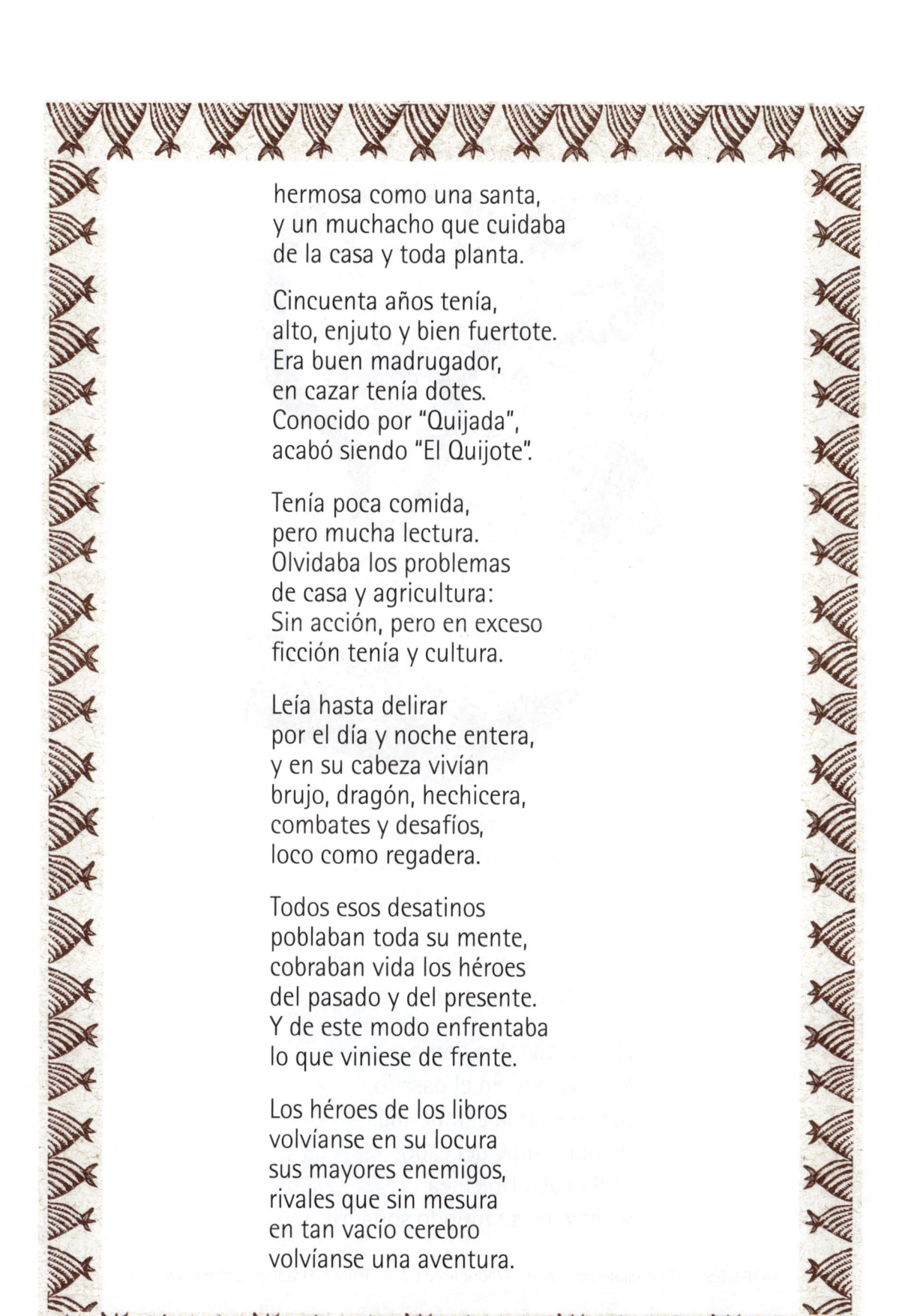

hermosa como una santa,
y un muchacho que cuidaba
de la casa y toda planta.

Cincuenta años tenía,
alto, enjuto y bien fuertote.
Era buen madrugador,
en cazar tenía dotes.
Conocido por "Quijada",
acabó siendo "El Quijote".

Tenía poca comida,
pero mucha lectura.
Olvidaba los problemas
de casa y agricultura:
Sin acción, pero en exceso
ficción tenía y cultura.

Leía hasta delirar
por el día y noche entera,
y en su cabeza vivían
brujo, dragón, hechicera,
combates y desafíos,
loco como regadera.

Todos esos desatinos
poblaban toda su mente,
cobraban vida los héroes
del pasado y del presente.
Y de este modo enfrentaba
lo que viniese de frente.

Los héroes de los libros
volvíanse en su locura
sus mayores enemigos,
rivales que sin mesura
en tan vacío cerebro
volvíanse una aventura.

Su famélico caballo,
que sólo le andaba al trote,
le inspiró su sobrenombre,
y se puso "Don Quijote":
pues piensa que "-ote" es noble
el tonto de capirote.

Necesitaba una dama
Y, pensando en el pasado,
pensó en una campesina
de porte muy delicado:
se llamaba Dulcinea
y entró en su mundo soñado.

BORGES, J. El Quijote en cordel. Tradução de J. A. Pérez. Brasília: Entrelivros, 2005.

Escuchando

Pista 3

Pronunciación y entonación: Vocales

Una de las cosas que nos ayuda mucho a la hora de hablar otro idioma es la correcta pronunciación de los sonidos que lo componen. Al final de cada una de las unidades de este libro vamos a hacer un repaso de los sonidos más importantes y de la entonación de las frases en español.

> Si deseas ver algunas muestras de las diferentes variantes del español, entra en: <http://www.uiowa.edu/~acadtech/dialects/>.

Así como en portugués, en español son muchas las maneras diferentes de pronunciar algunos sonidos y de hacer la entonación de algunas frases. Sin embargo, hay otras que son iguales en casi todas las variantes. Las vocales forman parte de este grupo.

1. Lean en voz alta estas palabras utilizando la fonética del portugués. Préstenles especial atención a las vocales.

cobre
él
ama
dragón
héroes
tan
sólo
famélico
dama
porte
Dulcinea
sobrina

Pista 4

2. Ahora escuchen estas mismas palabras pronunciadas con la fonética del español. ¿Qué diferencias hay entre la pronunciación de las vocales en los dos idiomas?

_____
_____
_____

3. Di si estas afirmaciones sobre la pronunciación de las vocales son verdaderas (V) o falsas (F)

   a) (   ) En español la **a**, así como otras letras, puede ser nasalizada cuando viene seguida de la letra **m**, como en dama, o **n**, como en tan.

   b) (   ) Los sonidos como el de la **é** y la **ó** del portugués no existen en español. Las vocales **e** y **o** siempre se pronuncian siempre cerradas, como **e** y **o**.

   c) (   ) Las tildes marcan cuáles son las vocales que deben ser pronunciadas de forma aguda, en español.

   d) (   ) Las tildes marcan cuál es la sílaba tónica (más fuerte) en una palabra y no cambian la forma como se pronuncian las vocales.

   e) (   ) En español las vocales no cambian de sonido, independientemente de la palabra en que estén, luego, no se debe adicionar vocales o cambiarlas por otras a la hora de pronunciar alguna palabra. ¡Ojo! Por ejemplo, a la hora de pronunciar sobrina (no subrina) y Dulcinea (no Dulcineia).

   f) (   ) La palabra español se pronuncia de la misma manera en portugués y en español.

4. Practica la lectura de las palabras del ejercicio 1 y luego vuelve a escuchar el audio del Quijote prestando atención a la pronunciación de las vocales (Pista 2). En parejas: Ahora practica lo que has aprendido leyéndole el texto de D. Quijote en voz alta a tu compañero (páginas 33, 34 y 35).

¡No te pierdas la continuación de las aventuras de D. Quijote y Sancho Panza!

Dulce Dulcinea

unidad **2**

Sin amor, ¿qué sería de nosotros?
Amor en prosa y verso

Objetivo:
Elaborar una carta de lector

Calentando el motor

Mi señora Dulcinea

Canta Rocío Durcal

Por la tierra de Castilla,
parda, seca y amarilla,
va rondando una canción,
que se canta en el molino
y de noche en el mesón.

Y la canta el peregrino,
por la cita del camino,
con respecto y devoción.

Mi señora Dulcinea,
yo del aire estoy celoso,
que hasta el aire te desea,
mi señora Dulcinea,
Dulcinea del Toboso.

Por tu culpa, Dulcinea,
he perdido la razón,
le ganaste la pelea
a mi loco corazón.

El que diga que eres fea,
nunca supo ver lo hermoso,
cada loco con su idea,
y la mía, Dulcinea,
Dulcinea del Toboso.

Le ganaste la pelea
a mi loco corazón.

Disponible en: <http://www.musica.com/imprimir.asp?letra=1203413>. Acceso: el 17 de febrero de 2009. <http://www.artelista.com/obra/1981673776502735>. Acceso: el 17 de febrero de 2009.

LESLIE, Charles Robert. **Dulcinea del Toboso**. 1839. Óleo sobre painel. Victoria and Albert Museum, Londres (Inglaterra).

1. Comparen la letra de la canción con el cuadro de Leslie y discutan si D. Quijote tenía razón en sentirse celoso hasta del aire.

2. ¿Es posible perder la razón por amor?

3. Examinen la penúltima estrofa y comenten si el corazón enamorado transforma en hermoso lo que es feo.

Sugerencia: buscar la canción de Rocío Durcal (cantante española) y cantarla entre todos.

Puerta de acceso

Texto A

Don Quijote de La Mancha y Doña Dulcinea del Toboso

Don Quijote de La Mancha es la viva estampa del noble caballero que vivía en su arcaico mundo caballeresco: el creador del AMOR CORTÉS, que marcó el camino al actual concepto de AMOR. Un mundo que habiendo sido una poderosa realidad a lo largo de toda la Edad Media, fue idealizado en las novelas de caballería, pasando de este modo a su dimensión irreal e intemporal. De esa dimensión tomó modelo Don Quijote.

Su condición de caballero le impone a Don Quijote la obligación de entronizar en su corazón a una gran dama en cuyo servicio serán todas sus andanzas de caballerías. [...]

> Entronizar: colocar a una persona (a otra persona) en una dignidad o grado superior.

Limpias pues sus armas, nos cuenta Cervantes para rematar el primer capítulo de su genial obra, [...] se dio a entender que no le faltaba otra cosa sino buscar una dama de quien enamorarse, porque el caballero andante sin amores era árbol sin hojas y sin fruto, y cuerpo sin alma. [...]

¡Oh, cómo se holgó nuestro buen caballero cuando hubo hecho este discurso, y más cuando halló a quien dar nombre de su dama! Y fue, a lo que se cree, que en un lugar cerca del suyo había una moza labradora de muy buen parecer, de quien él un tiempo anduvo enamorado, aunque, según se entiende, ella jamás lo supo ni se dio cata dello.

Llamábase Aldonza Lorenzo, y a ésta le pareció bien darle título de señora de sus pensamientos; y buscándole nombre que no desdijese mucho del suyo, y que tirase y se encaminase al de princesa y gran señora, vino a llamarla DULCINEA DEL TOBOSO porque era natural del Toboso: nombre a su parecer dulce y peregrino y significativo, como todos los demás que a él y a sus cosas había puesto.

Disponibel en: <http://www.elalmanaque.com/sanvalentin/quijote_dulcinea.htm>. Acceso: el 17 de febrero de 2009.

1. Señala las alternativas correctas, según el texto:
   a) En la Edad Media se creó el concepto de amor cortés como el aprecio de un caballero por una dama.
   b) A los nobles caballeros se los consideraba muy importantes durante la Edad Media.
   c) Las novelas de caballerías idealizaron el mundo medieval.
   d) Los caballeros medievales no existieron realmente: son personajes inventados.
   e) D. Quijote se basó en el mundo medieval idealizado.

2. ¿Quién era en realidad Dulcinea del Toboso?

3. ¿Por qué D. Quijote tuvo que cambiarle el nombre a Aldonza Lorenzo?

4. Sobre la relación entre D. Quijote y Dulcinea del Toboso, es correcto afirmar:
   a) Los dos están enamorados el uno del otro.
   b) Dulcinea del Toboso sólo existe en la imaginación de D. Quijote.
   c) Antes de ser D. Quijote, se cree que Alonso Quijano estuvo enamorado de Aldonza Lorenzo.
   d) Aldonza Lorenzo aceptó hacer el papel de Dulcinea del Toboso.
   e) Alonso Quijano no había visto nunca a Aldonza Lorenzo antes de transformarla en Dulcinea.

5. En el mundo caballeresco medieval, ¿qué se entiende por amor cortés o platónico?

_____
_____
_____
_____
_____
_____

ANDREOTTI, Federico. **Um momento de ternura no jardim**. Óleo sobre tela, 74,3 cm x 59 cm. Coleção particular.

Texto B

Dulcinea del Toboso

(Marco Denevi)

Estatua en piedra de Aldonza Lorenzo realizada por Federico Coullaut-Valera (1912–1989) en 1956–57. 2,90 metros de altura. Detalle del monumento a Cervantes (1925–30, 1956–57) de la Plaza de España, Madrid.

Vivía en El Toboso una moza llamada Aldonza Lorenzo, hija de Lorenzo Corchuelo y de Francisca Nogales. Como hubiese leído novelas de caballería, porque era muy alfabeta, acabó perdiendo la razón. Se hacía llamar Dulcinea del Toboso, mandaba que en su presencia las gentes se arrodillasen y le besaran la mano, se creía joven y hermosa pero tenía treinta años y pozos de viruelas en la cara. Se inventó un galán a quien dio el nombre de Don Quijote de La Mancha. Decía que Don Quijote había partido hacia lejanos reinos en busca de lances y aventuras, al modo de Amadís de Gaula y de Tirante el Blanco, para hacer méritos antes de casarse con ella.

Se pasaba todo el día asomada a la ventana aguardando el regreso de su enamorado. Un hidalgo de los alrededores, un tal Alonso Quijano, que a pesar de las viruelas estaba prendado de Aldonza, ideó hacerse pasar por Don Quijote. Vistió una vieja armadura, montó en su rocín y salió a los caminos a repetir las hazañas del imaginario don Quijote. Cuando, confiando en su ardid, fue al Toboso y se presentó delante de Dulcinea, Aldonza Lorenzo había muerto.

Disponible en: <http://www.ciudadseva.com/textos/cuentos/esp/denevi/dulcinea.htm>. Acceso: el 9 de enero de 2012.

1. Según el texto B, es correcto afirmar:
   a) Aldonza Lorenzo se volvió loca leyendo novelas de caballería.
   b) Ella misma se denominó Dulcinea del Toboso y quería que la trataran como si fuera una noble.
   c) Don Quijote partió hacia tierras distantes para hacerse rico.
   d) D. Quijote no estaba enamorado de Dulcinea.
   e) A Dulcinea no le interesaba D. Quijote sino Alonso Quijano.
   f) Aldonza Lorenzo se consideraba más joven de lo que era en realidad.
   g) La viruela había dejado marcas en la cara de Alonso Quijano.

2. Teniendo en cuenta el texto B, corrige las alternativas incorrectas de la pregunta anterior.

   _____
   _____
   _____
   _____

3. Al final del cuento de Marco Denevi, Alonso Quijano descubre que Aldonza Lorenzo está muerta, lo que significa que:
   a) También Dulcinea está muerta.
   b) Dulcinea, y no Aldonza, es su pareja.
   c) Aldonza es más hermosa que Dulcinea.
   d) D. Quijote y Dulcinea representan la eterna pareja amorosa.
   e) Aunque se vista de D. Quijote, Alonso será siempre el mismo.

Explorando el texto

En parejas.

1. Comparen los textos A y B y examinen qué cambió Marco Denevi en su versión sobre la historia de D. Quijote y Dulcinea del Toboso.

   _____
   _____
   _____
   _____

2. Al reescribir la historia de D. Quijote y Dulcinea del Toboso, Marco Denevi le da a su lector un ejemplo de _____, que es una forma de construir un texto nuevo usando partes de otro texto, generalmente clásico.

3. En el ejercicio de la intertextualidad, Denevi inventa la expresión "muy alfabeta" para explicar por qué Aldonza había leído tantas novelas de caballería. ¿Qué significa?

   _____

4. ¿De quién estaba enamorado el caballero que imitó a D. Quijote: Aldonza o Dulcinea? Justifica tu respuesta.

   _____
   _____
   _____

Interactuando con el texto

En grupos de 3 ó 4 compañeros.

1. Lean, individualmente y en silencio, el texto que sigue, buscando las semejanzas y diferencias entre el amor cortés del siglo XVIII y el amor online de la actualidad.

Encuentros en red

Los especialistas investigan el boom de los romances en Internet. Mientras que para algunos expertos solo es una nueva forma de relacionarse, otros advierten que la web es un paraíso para infieles y mentirosas.

Por Luis Muiño (psicoterapeuta español)

En el siglo XVIII, estaba de moda entre las damas de alta alcurnia tener un cortejo. Se trataba de elegir a un amigo íntimo y darle libre entrada en la casa cuando el marido estaba afuera, algo muy frecuente. A este compañero de confidencias se lo denominaba cortejo. Charlaba con la mujer de temas diversos, la acompañaba a la iglesia y le aconsejaba sobre el vestido o el maquillaje. Por supuesto, el marido conocía su existencia y lo aceptaba sin mayor problema, porque las relaciones eran puramente platónicas.

Casi 250 años después, llega desde Estados Unidos una nueva moda: el online love o amor en la Red. [...]

Alta alcurnia: linaje noble.

Según la psicóloga Peggy Vaughan, estas relaciones en las que se chatea todos los días o se intercambian dos o tres emails diarios pueden convertirse en verdaderas infidelidades y son un riesgo incluso para los que son felices con su pareja. [...]

Veamos un caso:

Marta conoce a Javier en un chat. Al principio, son dos miembros más del grupo y sus mensajes son públicos. A los pocos días, pasan al privado y empiezan a intercambiar correos electrónicos. Javier le confiesa a Marta que está casado, pero que su matrimonio está en crisis. Ella lo anima a contarle sus penas y se interesa por sus sentimientos. Ambos descubren con satisfacción que se entienden: sus gustos musicales y literarios son parecidos y comparten planes que todavía no han podido realizar. En el caso de Javier, por "culpa" de su mujer, en el de Marta, porque hasta ahora no ha encontrado con quien ponerlos en marcha... Así nace una historia de amor online.

MUY Interesante, año 22, n.262, ago. 2007.

1. Según el texto, ¿cuál es la semejanza entre la relación "mujer noble y su cortejo" y el amor online?
   _____

2. ¿Y cuál es la diferencia?
   _____
   _____
   _____
   _____

3. ¿Cuál es la diferencia de sentido entre el "cortejo" del siglo XVIII y "cortejar" de la actualidad?
   _____
   _____
   _____

4. En otro momento, Luis Muiño afirma que las relaciones virtuales son atractivas porque evitan las discusiones entre la pareja. ¿Están de acuerdo? Justifiquen su respuesta.
   _____
   _____

5. Según la psicóloga Peggy Vaughan, ¿cuáles son los riesgos del amor on line?
   _____
   _____

> **Sugerencia:** ¿Qué cosas le diría o contaría D. Quijote a Dulcinea por email? Cada equipo debe anotar su idea en el pizarrón. ¿Cuál es el tema preferido de su clase cuando se trata de un chat amoroso?

Puerta de acceso

Amor y desamor en San Valentín

Si bien es una costumbre heredada del país del norte, cada vez son más los enamorados que lo festejan en nuestro país. Aunque el desamor también se hace presente en este día. Conocé la historia.

Por Analía Sánchez

Así como cada vez más gente festeja "Halloween" o "Saint Patrick's" – fiestas que en definitiva no nos pertenecen –, algo similar pasa con "San Valentín", versión nacionalizada del "Valentine's Day".

Podemos decir que el 14 de febrero, "Día de los enamorados", es algo así como el momento en el que las parejas que tienen ganas reafirman o demuestran su amor mediante regalos, cenas y salidas.

En "San Valentín" se celebra la unión de dos, aunque no es éste último un requisito excluyente, ya que cada vez son más los que sin estar en parejas o tras haber sufrido separaciones recientes, aprovechan la ocasión para festejar con sus amigos.

En cuanto a su historia existen diversas teorías: una de ellas dice que en los países nórdicos es durante estas fechas cuando se emparejan y aparean los pájaros; por eso se la toma como un símbolo de amor y creación.

Otros creen que es una fiesta cristianizada del paganismo, ya que en la antigua Roma se realizaba la adoración al dios del amor, Eros para los griegos y Cupido para los romanos. En esta celebración se pedían los favores del dios a través de regalos u ofrendas para conseguir, así, encontrar al enamorado ideal.

Algunas fuentes centran el origen de la historia de San Valentín en la Roma del siglo III. En esa época el cristianismo era perseguido y se prohibía el matrimonio entre los soldados por creerse que los hombres solos rendían más en el campo de batalla que los casados, por no estar emocionalmente ligados a sus familias.

Es ahí donde surge la figura de San Valentín, un cura cristiano que ante tal injusticia decide casar a las parejas bajo el ritual cristiano, a escondidas de los ojos romanos. Sea cual sea su origen, este día se convirtió en patrón de los enamorados y a nosotros nos llega tradicionalmente desde Estados Unidos. Sin embargo, cada vez son más quienes deciden festejar el "anti-romance" o simplemente ignorarlo por completo. Pertenecen a este grupo quienes ven esta fecha como cursilería pura, descreen de las pavadas comerciales, están despechados o simplemente solteros que deciden pasar de ella.

Adaptado de: <http://www.ciudad.com.ar/espectaculos/58606/amor-y-desamor-en-san-valentin>. Acceso: el 13 de febrero de 2009.

> Emparejar: unir <una persona> (personas, animales, cosas) de modo que formen pareja;
> Aparear: juntar <una persona> (dos animales de distinto sexo) para que se reproduzcan;
> Paganismo: ideología y religión de los no cristianos;
> Cursilería: característica de una persona o cosa cursi.
> Cursi: que es afectado o ridículo al querer aparentar elegancia o distinción;
> Pavada: tontería, desatino;
> Despechado: enfadado o resentido ante un desengaño o un menosprecio.
> (Diccionario Salamanca de la lengua española)

1. ¿Qué se celebra en el día de San Valentín?

   _____

2. En cuanto al origen de la celebración del día de San Valentín, la alternativa incorrecta es:
   a) Tradicionalmente es el período de apareamiento de los pájaros en el hemisferio norte, así que se tomó como símbolo del amor.
   b) En la antigüedad romana, ese día se festejaba la adoración al dios de amor.
   c) En la época de los romanos y griegos, era el día en que Eros y Cupido festejaban juntos el día del amor.
   d) Cuando se celebraba la adoración al dios de amor, la gente solía pedirle que le consiguiera una pareja.
   e) Se festeja el día de San Valentín en memoria de un cura que casaba a las parejas a escondidas de los romanos.

3. El "anti-romance" se refiere a los que:

   a) se manifiestan en contra de las relaciones amorosas.

   b) no consideran que el 14 de febrero sea un día especial.

   c) creen que el marketing comercial de ese día es una bobada.

   d) están solos y prefieren ignorar esa fecha.

   e) compran regalos cursis a sus parejas.

4. ¿Por qué los romanos del siglo III prohibían que sus soldados se casaran?

   _____

   _____

Explorando el texto

1. Cuando la autora del texto se refiere al "país del norte", ¿de qué país se trata?

   _____

2. Cuando la autora del texto se refiere a "nuestro país", ¿de qué país se trata?

   _____

   _____

3. ¿Qué se entiende por "países nórdicos"?

   _____

   _____

4. ¿A qué se refiere con "una fiesta cristianizada del paganismo"?

   _____

   _____

   _____

   _____

Interactuando con el texto

1. ¿Cuándo se celebra el día de los enamorados en Brasil?
   _____

2. ¿Por qué habrá sido elegida esta fecha como el día de los enamorados?
   _____

3. Busquen algunas tradiciones típicas del día de San Antonio practicadas en Brasil o en su región.
   _____
   _____
   _____

4. ¿Sabes cómo declararte? Marca con una X tus técnicas.

	Sí	No
a) Lo mejor es improvisar. Cuando encuentre el mejor momento, hablaré con él/ella y se lo diré.		
b) Me prepararía muy bien lo que le quiero decir y luego se lo soltaría todo por teléfono.		
c) Antes de lanzarme averiguaría si le gusta alguien. Y si no hubiera nadie, le diría lo que siento.		
d) Me acercaría a él/ella y le diría una frase divertida, como "Crees en el amor a primera vista o tengo que volver a pasar?"		
e) Le escribiría una carta o un poema, algo sencillo. Y después se lo metería discretamente en su abrigo.		

f) Me planto delante del chico/chica que me tiene loquita/loquito y le guiño un ojo. Es una forma muy guay de declararse, ¿no?

g) Le dejaría una nota: "Estamos en la misma clase/barrio/grupo y me gustaría conocerte mejor. "¡Adivina quién soy!"

h) Mandaría a una mensajera para decirle que me gusta. Alguien de confianza, claro.

i) Le dejaría en su MSN una frase muy directa: "Te quiero mucho".

j) Le mandaría este mail: "Empezaste siendo mi sueño, te convertiste en mi pasión y hoy eres dueño/a de mi corazón".

Resultado:

Mayoría de SÍ: Eres una experta/un experto en declaraciones.

Mayoría de NO: Necesitas pulir tu técnica.

BRAVO. Madrid, n. 361, 5 de enero de 2010. (Texto adaptado).

5. ¿Cómo se celebra el "Halloween" en Estados Unidos?

_____
_____
_____
_____

Practicando la lengua

En parejas.

1. Observen la siguiente frase:

"Si bien es una costumbre heredada del país del norte, cada vez son más los enamorados que lo festejan en nuestro país."

2. Otra forma de expresar lo equivalente a la frase mencionada es:

   a) A pesar de ser una costumbre norteamericana, hay cada vez más enamorados argentinos que festejan el día de San Valentín.

   b) Cada vez son más los argentinos que celebran el día de San Valentín por ser una tradición heredada de Estados Unidos.

3. ¿Cómo se pueden unir las frases mencionadas a continuación sin cambiar su sentido?

   "En los países nórdicos es durante estas fechas cuando se emparejan y aparean los pájaros."

   "Por eso se la toma como un símbolo de amor y creación."

   a) En los países nórdicos se toma esa fecha como un símbolo de amor y creación para que los pájaros se emparejen y apareen.

   b) En los países nórdicos se toma esa fecha como símbolo de amor y creación, porque es cuando se emparejan y aparean los pájaros.

4. ¿En cuál de las frases la sustitución de la expresión subrayada por otra no cambia el sentido de la frase original: En cuanto a su historia existen diversas teorías

   a) En relación a su historia existen diversas teorías.

   b) A pesar de su historia existen diversas teorías.

5. ¿En cuál de las frases la sustitución de una expresión por otra cambia su sentido?

5.1. *Un cura cristiano decide casar a las parejas bajo el ritual cristiano.*

   a) Un cura cristiano decide casar a las parejas sin el ritual cristiano.

   b) Un cura cristiano decide casar a las parejas de acuerdo al ritual cristiano.

5.2. *Ante tal injusticia el cura cristiano decide casar a las parejas romanas.*

   a) Antes de ocurrir tal injusticia el cura cristiano decide casar a las parejas romanas.

   b) Debido a tal injusticia el cura cristiano decide casar a las parejas romanas.

6. Agradar a la pareja es un problema de lengua: ¿hace falta Tacto o tacto?

RLN, revista de La Nación, 29 de febrero de 2004.

6.1 ¿Por qué a Gaturro no le funcionó el tacto?

_____

_____

_____

Produciendo un texto propio

En grupos de 2 ó 3 compañeros.

1. Lean con atención el texto y las dos cartas siguientes; después contesten las preguntas propuestas.

Cartas a Dulcinea

Estamos en plena lectura del Quijote y nos sentimos angustiados porque vemos que nuestro gran caballero, a pesar de sus esfuerzos, lo va a tener realmente difícil con Dulcinea. […] Así que hemos decidido tomar la iniciativa y escribir nosotros una carta a Dulcinea para que sepa lo mucho que don Quijote la quiere y para pedirle que le dé una oportunidad.

Carta 1

Señorita Dulcinea. Soy Pirulín, el mejor amigo de don Quijote, el "caballero andante". Le escribo esta humilde carta para confesarle algo que usted desconoce de este caballero. Don Quijote es una persona muy buena, muy valiente, pero no se atreve a decirle que está muy enamorado de usted y que la ama. A pesar de su comportamiento y de su valentía, en vano él desea pasar el resto de su vida con usted. Además, quiero que sepa que él se enfrenta a todos los malvados por usted y por su amor. Por ese motivo me dirijo a usted atrevidamente. Espero que no le moleste mi comportamiento hacia usted y esta atrevida confesión. Atentamente, Pirulín.

Carta 2

Hola, Dulcinea, soy un conocido de Don Quijote, me llamo Paul y él me ha dicho que no le haces caso. Te escribo esta carta para decirte que, aunque sea viejo y un poco tonto, es buena persona y amable, y nunca te dejará por otra. Está enamorado de ti, no dejes pasar a un hombre tan bueno y sincero como don Quijote, y quiero que sepas que no importa el físico, lo que importa es su personalidad. Bueno, te dejo que tengo cosas que hacer.

Saludos, Paul.

Disponible en: <http://blogs.xtec.cat/rincondehelman/2008/10/24/cartas-a-dulcinea/more-32>. Acceso: el 17 de febrero de 2009.

2. ¿Con qué objetivo le escriben Pirulín y Paul a Dulcinea?

3. ¿Cómo inicia y concluye la carta cada uno de los chicos?

4. ¿Qué argumentos usan los dos chicos para convencer a Dulcinea de que debe aceptar el amor de Don Quijote?

5. Escríbanle otra carta a Dulcinea, teniendo en cuenta los siguientes puntos:
   a) Confírmenle que Don Quijote es un poco tonto y está viejo.
   b) Por lo tanto, no vale la pena esperar que él vuelva de sus aventuras para casarse con ella.
   c) Además, hay un chico joven y rico que está enamorado de ella y que vive en el mismo pueblo.

6. Entre todos, organicen un panel en cuyo centro debe estar la figura de Dulcinea. Cuelguen todas las cartas para que todos puedan leer lo que cada uno le aconseja a ella sobre el amor de don Quijote.

Puerta de acceso

En la unidad 1, empezamos a leer fragmentos del poema de José Hernández pertenecientes a la segunda parte del libro de José Hernández "La vuelta de Martín Fierro", en los que Martín Fierro les daba consejos a sus hijos y al de Cruz. Continúa leyendo y responde las preguntas.

Texto 1

Bien lo pasa hasta entre pampas
el que respeta a la gente.
El hombre ha de ser prudente
para librarse de enojos;
cauteloso entre los flojos
moderao entre valientes.

Pampas: indios que habitaban la pampa argentina.
Flojos: perezosos, débiles, cobardes.

Texto 2

Respeten a los ancianos,
el burlarlos no es hazaña;
si andan entre gente estraña
deben ser muy precabidos,
pues por igual es tenido
quien con malos se acompaña.

La cigüeña cuando es vieja
pierde la vista, y procuran
cuidarla en su edá madura
todas sus hijas pequeñas.
Apriendan de las cigüeñas
este ejemplo de ternura.

Hazaña: hecho importante, heroico.

HERNÁNDEZ, J. "Martín Fierro". Madrid: Edimat Libros S. A., 2004. (Colección Clásicos Selección).

Texto 3

Si entriegan su corazón
a alguna muger querida,
no le hagan una partida
que la ofienda a la mujer;
siempre los ha de perder
una mujer ofendida.

Partida: comportamiento, proceder

1. Según la primera estrofa, es correcto afirmar:

   a) Que en pampa se pasa bien si se respeta a la gente.

   b) Que incluso entre los pampas se veve bien si se respeta a la gente.

   c) Que el hombre debe ser juicioso para poder enojarse.

   d) Que el hombre sensato se desembaraza de cóleras.

   e) Que el hombre debe ser discreto entre los perezosos.

   f) Que se debe ser contenido entre gente corajuda.

2. Según el texto 2, es correcto afirmar:

   a) Que el burlarse de los ancianos es un hecho heroico.

   b) Que hay que ser precavido cuando se extraña a la gente.

   c) Que la gente piensa que es malo el que anda con gente mala.

   d) Que las cigüeñas al envejecer se quedan ciegas.

   e) Que a las cigüeñas ciegas las cuidan las más pequeñas de sus hijas maduras.

3. Ya sabes que la intención de J. Hernández al escribir estos versos era la de educar al gaucho, la de transmitirle el conocimiento de lo que son las "virtudes" humanas. ¿Cuál es la virtud a la que se refiere el autor en estas cuatro estrofas?

   _____

4. En particular, ¿a quiénes aconseja Martín Fierro que hay que respetar?

   _____

5. Transcribe los versos que confirman la respuesta anterior.

   _____
   _____
   _____
   _____

6. Según el texto 3, ¿qué es lo que un hombre no le puede hacer a una mujer?

_____

7. Según Martín Fierro, ¿se puede considerar el respeto como una forma de amor? ¿Es posible haber amor sin respeto?

_____

Interactuando con el texto

En grupos de 2 ó 3 compañeros.

Vuelvan a leer las 4 estrofas, reflexionen sobre la virtud del "respeto" y contesten las preguntas a seguir.

1. ¿Por qué se debe respetar a los padres, a los profesores, a la gente en general?

_____

2. ¿Cuál es la razón por la que debemos respetar a los ancianos?

_____

3. ¿Por qué motivos los hombres deben respetar a las mujeres?

_____

4. Elijan uno de los ítems anteriores y escriban un texto que explique cuáles serían las consecuencias positivas y negativas de tener respeto, o no, hacia los otros.

_____

5. Hagan carteles sobre la virtud del respeto y expónganlos en las carteleras de su escuela. Acuérdense de explicar qué es el respeto y por qué se debe respetar, o sea, cuáles son las consecuencias positivas y negativas de hacerlo, o no.

_____

Practicando la lengua

1. J. Hernández escribó el libro con un lenguaje que intenta imitar el habla normal del gaucho de la pampa. Las siguientes palabras son algunas de ellas, pero no están bien escritas, según la norma culta del español. Corrígelas con la ayuda de un buen diccionario.

   1.1. Moderao: _____

   1.2. Estraña: _____

   1.3. Precabidos: _____

   1.4. Edá: _____

   1.5. Apriendan: _____

   1.6. Entriegan: _____

   1.7. Muger: _____

   1.8. Ofienda: _____

2. ¿Cómo es el infinitivo de los verbos: aprienda, entriega y ofienda?

   _____

3. Con la ayuda del profesor(a) y de una gramática española, explica en qué consiste la irregularidad de algunos verbos de 1.ª conjugación, como el verbo "sentarse", que presentan –e– en la raíz?

   _____

   _____

Sugerencia: Examinar otros verbos irregulares que diptongan la –e– u –o– de la raíz, como "pensar", "contar", "mover", etc.

Puerta de salida

En equipos de 3 a 6 compañeros.

1. Lean el siguiente fragmento de la historia de don Quijote y discutan todas las dudas de comprensión.
2. Practiquen la presentación oral, basándose en el audio.

Escuchando

Sugerencia: Se puede organizar una lectura en forma de cantar de juglar, con acompañamiento musical.

Pista 5

Continúa escuchando y acompañando la lectura del poema Don Quijote en cordel, de José Borges. Recuerda prestar atención a la declamación.

> Don Quijote una mañana,
> andando por una plaza
> allí en Campina Grande,
> con resaca de cachaza,
> vio venir un caballero
> e imaginó la desgracia.
>
> El caballero venía
> en su misma dirección
> y en su escudo una luna,
> pintada a la perfección,
> tan bella y resplandeciente
> que le llamó la atención.
>
> El caballero le habló:
> — Eres un gran escudero,
> Don Quijote de La Mancha,
> Y soy yo "El caballero
> de la luna" del nordeste,
> más fuerte que bandolero.

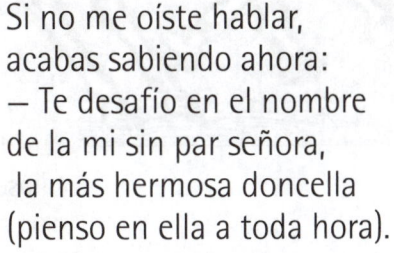

Si no me oíste hablar,
acabas sabiendo ahora:
— Te desafío en el nombre
de la mi sin par señora,
la más hermosa doncella
(pienso en ella a toda hora).

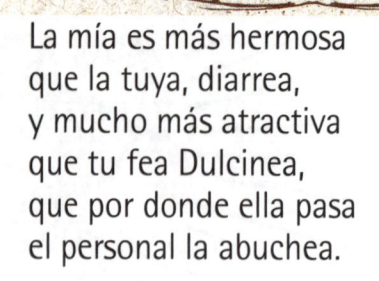

La mía es más hermosa
que la tuya, diarrea,
y mucho más atractiva
que tu fea Dulcinea,
que por donde ella pasa
el personal la abuchea.

Don Quijote sorprendióse
de tamaña antipatía.
Respondióle al caballero:

> Abuchea: manifestar <una persona> desagrado (a otra persona que habla o actúa en público) con silbidos o gritos.

> Las formas: "sorprendióse" y "respondióle" son arcaicas.

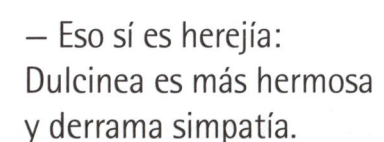

— Eso sí es herejía:
Dulcinea es más hermosa
y derrama simpatía.

Ése de la luna blanca,
con una brutal acción,
derribó a Don Quijote
sin ninguna compasión,
dejándolo en el suelo
en profunda conmoción.

Gritó: — ¡Daos por vencido!
Me tienes que confesar:
"Jura que mi dama es
la más bella del lugar"—.
Don Quijote habló: — ¡Mátame!
¡Jamás lo voy a jurar!

Aquél de la blanca luna
sometióle a estas torturas
para que nuestro infeliz
olvidara su bravura
y hubiera de desistir
de su profunda locura.

Don Quijote atormentado
pensó repentinamente:
— Seré a partir de ahora
un buen pastor excelente:
por los campos cuidaré
ovejas diariamente.

BORGES, J. Quijote en cordel. Tradução de J. A. Pérez. Brasília: Entrelivros, 2005.

Sugerencia: Explique a sus alumnos que el caballero de la luna blanca desafió a Don Quijote sólo con la intención de hacerle desistir de sus aventuras y volver a ser Alonso Quijano.

Escuchando

Pista 6

Pronunciación y entonación: consonantes

En la unidad anterior vimos que las vocales en español:

- No sufren nasalización

- Se pronuncian siempre de la misma manera, independientemente de que lleven tilde o no.

- Las vocales **e** y **o** se pronuncian siempre de manera cerrada, nunca como la **é** y **ó** del portugués.

- No se deben pronunciar las vocales cuando éstas no estén escritas, como en alumno (no alumino), ritmo (no ritimo), Dulcinea (no Dulcineia), apto (no apito), etc.

En esta unidad seguiremos nuestro repaso del estudio de la pronunciación de las consonantes. Así como las vocales, casi todas las consonantes siempre se pronuncian de la misma manera, independientemente de su posición en la palabra.

Pista 7

Vas a escuchar cinco palabras en español, sacadas del texto de Don Quijote. Para cada una de ellas, oirás otras tres, en portugués, que contienen la misma consonante (D, T, L, S o H) que la que escuchaste en español. Elige, entre las tres palabras del portugués, aquélla que presente el sonido consonantal (D, T, L, S o H) más parecido a la del español.

Tu forma de hablar el portugués puede no corresponder a ésta de los ejemplos. En este caso, ¿cómo pronunciarías estas palabras? ¿Cuál es la diferencia entre tu forma de pronunciar estas consonantes, en cada caso, y la forma como las pronunciamos en español?

Consonante	Palabra en español	Palabras en portugués		
D	DIARREA	a) dia	b) dado	c) diante
T	ANTIPATÍA	a) nordeste	b) telefone	c) tipo
L	AQUEL	a) lápis	b) barril	c) varal
S	COMPASIÓN	a) vaso	b) pesado	c) assar
H	AHORA	a) hospital	b) companheiro	c) chuva

Pista 8

Hay otras consonantes a las que su sonido en español corresponde al de otras consonantes del portugués. Escucha y elige la palabra correcta, como en el ejercicio anterior.

Consonante	Palabra en español	Palabras en portugués		
J/G (ge/gi)	JURA	a) rua	b) joelho	c) guerra
V	VENIR	a) buscar	b) vento	c) cavalo
Z	PLAZA	a) cozinha	b) brisa	c) assinar

Pista 9

Hay, incluso, algunas consonantes que se pronuncian diferente en portugués y en español, por ejemplo:

Consonante	Palabra en español
R*	DERRIBÓ
Y	TUYA

*Depende de tu variante de portugués

Las consonantes **Y** y **LL** varían de acuerdo con la región o país. Puedes escuchar algunas de estas diferencias en:

<http://www.uiowa.edu/~acadtech/dialects/>.

Conjunto Consonantal	Palabra en español
CH	HECHICERA
LL	CABALLERO

Las consonantes **C** y **G** se pronuncian de manera diferente dependiendo de la vocal que les sigue. Ej.: casa y ciudad / gato y gigante.

Las consonantes **B, V, D** y **G** se pronuncian de forma más "suave" (menos "plosiva") cuando se encuentran entre dos vocales. Ej.: agua, abuela, avión, adiós.

1. Tras haber estudiado la pronunciación de las consonantes, di si estas afirmaciones son verdaderas o falsas:

   a) (   ) La letra **H** no se pronuncia, a menos que esté junto a la letra **C**, como en Man**ch**a.

   b) (   ) Las letras **D** y **T** se pronuncian como en **dado** y **tatú**.

   c) (   ) La letra **G** se pronuncia de la misma manera en **gato** que en **gengibre**.

d) ( ) La palabra **Brasil** se pronuncia igual en portugués y en español.

e) ( ) Las letras **S, Z** y **C** (en palabras como **ciudad**, **zapato** y **Sancho**) se pronuncian de la misma manera. Así como la **B** y la **V** (en palabras como **baca** y **vaca**).

f) ( ) No hay diferencia entre el sonido de la **J** y el de la **R** en palabras como: **corrida** y **juego**.

Pista 10

2. Ahora practica estos trabalenguas:

Bárbara tenía una vaca

Que se llamaba Valencia

Que se vestía de blanco

Y que bailaba con botas, escoba y Valentín.

Chiqui era una chica chiquita

Chiquita era la chaqueta de Chiqui

Porque si Chiqui tenía chica la chaqueta

Chiquita sería la chaqueta de Chiqui.

Erre con erre carreta

Erre con erre carril

Erre con erre la rueda

La rueda del ferrocarril.

Un viejo de Badajoz tenía un badajo viejo

Un día bajó abajo y subió el badajo

Siendo el viejo de Badajoz más viejo que el badajo.

Yo soy Diego, yo nada digo

Si digo o no digo soy Diego

Pero si Diego soy, yo lo digo

Digo que sí lo digo, soy Diego.

Disponible en: <http://www.redmolinos.com/hablar_espanol/trabalenguas.html>. Acceso: el 16 de abril de 2012.

3. Vuelve a escuchar el audio de D. Quijote prestando atención a la pronunciación de las consonantes (Pista 5).

En parejas:

Ahora practica lo que has aprendido, leyéndole el texto de D. Quijote en voz alta, a tu compañero (páginas 60, 61, 62 y 63).

Sugerencias de lectura:
BECKER, Gustavo Adolfo. La cueva de la mora. In: Leyendas. Lendas. Ed. Bilingue. São Paulo: Consejería de Educación y Ciencia de España, 2005. Traas leerla, discutan sobre la fuerza del amor, comparándola con la leyenda del origen de las cataratas del Iguazú.
BÉCQUER, Gustavo Adolfo. La promesa. A promessa. Ed. Bilingue. São Paulo: consejería de Educación y Ciencia de España, 2005. Tras leer el cuento, buscar otros casos amorosos en la literatura brasileña o internacional en que los amantes sólo se unen después de la muerte. Organicen de forma comparativa una pequeña ficha con los principales datos de la trama.

¿Qué le pasará a don Quijote desilusionado?
¡Chao, nos encontraremos en la próxima unidad!

unidad 3

Las aventuras quijotescas de allá y de acá

Por los caminos de turismo cultural

Objetivo:

Elaborar rutas culturales por la Mancha, la Caatinga Nordestina y la Región Pampeana

Calentando el motor

1. Busquen informaciones sobre las regiones señaladas en los mapas en cuanto a: la situación geográfica, el clima predominante, la topografía, el tipo humano característico, la comida, el folclore, etc.

2. Busquen y peguen fotos o dibujos representativos de cada una de las regiones.

EL NORDESTE DE BRASIL Y LA REGIÓN PAMPEANA

Puerta de acceso

Texto 1

Castilla-La Mancha

La comunidad autónoma [de Castilla-La Mancha] se encuentra situada en el centro de la Península Ibérica, ocupando la mayor parte de la Submeseta sur, denominación que se da a la extensa llanura que conforma la parte sur de la Meseta central. [...]

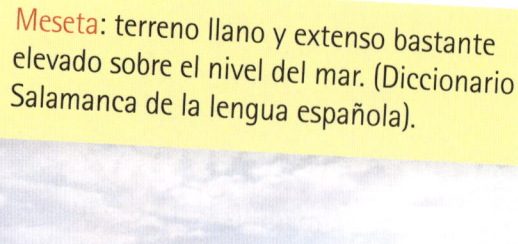

> Meseta: terreno llano y extenso bastante elevado sobre el nivel del mar. (Diccionario Salamanca de la lengua española).

Meseta Manchega en Consuegra, Toledo (España), 2007.

En la región se distinguen claramente dos tipos de relieve. Por una parte, la Meseta, una gran llanura uniforme con poco relieve. Dentro de esa uniformidad, el relieve más destacable es el formado por los Montes de Toledo, con alturas como Las Villuercas (1.601 m) y Rocigalgo (1.447 m). Está dividida entre los valles del río Tajo y del Guadiana.

Por otra parte, la zona más montañosa, que rodea la Meseta, sirve de límite natural de la comunidad. En el norte de la provincia de Guadalajara, limitando con Madrid y Segovia, se encuentra un conjunto montañoso, perteneciente al Sistema Central, del que destacan las sierras de Pela, Ayllón, Somosierra, Barahona y Ministra, y en el cual nacen los ríos Jarama, Cañamares y Henares. El Sistema Central penetra también en la región por la provincia de Toledo, en lo que es el sector meridional de la Sierra de Gredos, conocido como Sierra de San Vicente, que se encuentra delimitada al norte por el río Tiétar y al sur por el Alberche y el Tajo. [...]

<http://es.wikipedia.org/wiki/Castilla-La_Mancha>. Acceso: el 13 de enero de 2012.

Texto 2

Región Pampeana

La Pampa o Región Pampeana es una región geográfica situada en Argentina (35°22'33.69"S 63°24'42.72"O), y el estado brasileño de Río Grande del Sur. Es en su mayor extensión una extensa sabana (con partes de estepa) al suroeste del río de la Plata y al este de la cordillera de los Andes, con ondulaciones progresivas hacia su parte más oriental [...], y levemente escalonada hacia el oeste. En Uruguay y Río Grande del Sur presenta un paisaje más ondulado y sierras de una altura de 500m como máximo. Es una de las más fértiles del mundo.

Sabana: llanura o meseta intertropical donde crecen fundamentalmente plantas herbáceas, con arbustos y árboles aislados.
Estepa: terreno llano con una vegetación adaptada a la sequedad, sobre todo gramíneas.

Pampas en Valle Hermoso, Córdoba (Argentina), 2009.

El ombú, un árbol herbáceo de tamaño desproporcionado originario de la región, era antiguamente la única interrupción de un paisaje monótono de hierbas de 2-3m de altura por cientos de kilómetros, el más llano o plano de las tierras emergidas. Un viajero puede atravesar casi 800 km entre las ciudades de Buenos Aires y Córdoba, y observará que el relieve se mueve en suaves colinas, con el horizonte en una sinuosidad suave, con las interrupciones lógicas de un terreno ondulado. [...]

<http://es.wikipedia.org/wiki/Regi%C3%B3n_pampeana>. Acceso: el 13 de enero de 2012.

Texto 3

Caatinga

La caatinga o catinga (del tupí: "bosque blanco" o "vegetación blanca", kaa = bosque, vegetación, tinga = blanco) es un tipo de vegetación y una ecorregión caracterizada por esa vegetación en el Brasil nordestino. Es un bioma exclusivo de Brasil. Cubre entre 700 mil y 1 millón de kilómetros cuadrados (depende de la fuente), cerca de un 10% del territorio brasileño.

Região da Caatinga em Rodelas (BA), 2007.

La caatinga se caracteriza por una flora arbustiva desértica y xerófila, y bosque espinoso, básicamente de árboles espinosos y pequeños, caducifolios, cactos, plantas de gruesa corteza, arbustos espinosos y pastos adaptados a la aridez en la base. Muchas plantas anuales crecen, florecen y mueren durante la corta estación lluviosa. [...]

Cubre la porción nordeste de Brasil. Está localizada entre 3ºS45ºW y 17ºS35ºW, a través de ocho estados brasileños: Piauí, Ceará, Rio Grande do Norte, Paraíba, Pernambuco, Alagoas, Sergipe, Bahia y parte de Minas Gerais. La Caatinga incluye enclaves de bosque húmedo tropical, conocidos como los Enclaves de bosque húmedo de Caatinga. [...]

> Bioma: conjunto de seres vivos (vegetales y animales) de un área (entorno físico).
> Xerófila: planta que está adaptada a la vida en un medio o ambiente seco.
> Caducifolios: planta que pierde la hoja todos los años.
> Corteza: parte que cubre el tronco y las ramas de los árboles.

<http://es.wikipedia.org/wiki/Caatinga>. Acceso: el 13 de enero de 2012.

1. Según los textos 1, 2 y 3, es correcto afirmar:

    a) Las tres regiones son igualmente áridas, donde abundan los cactos.

    b) La Caatinga no implica necesariamente que toda su vegetación sea xerófila.

    c) La región pampeana se caracteriza por ondulaciones más o menos suaves, según sea la parte argentina, uruguaya o brasileña.

    d) El ombú se destaca por su altura en el paisaje pampeano porque es una especie importada de otras regiones.

    e) La Mancha es una región llana circundada por una zona montañosa que le sirve de límite.

    f) Las ciudades de Buenos Aires y Córdoba están ubicadas en la región pampeana.

2. ¿Por qué es correcto suponer que hay dos tipos de clima en la comunidad castellano-manchega?

_____

3. ¿Es posible encontrar flores en una zona tan árida como la Caatinga? ¿Cuándo?

_____

Interactuando con el texto

En grupos de 3 ó 4 compañeros.

1. Lean el fragmento del texto "Geografía de los sabores", de Adriano Botelho, y respondan las preguntas.

Geografía de los sabores

Por Adriano Botelho: Diplomático, PhD y Doctor en Geografía Humana de la Universidad de São Paulo

La gastronomía de un país forma parte del género de vida de su pueblo. Expresa no sólo los factores físicos de su geografía, sino también sus aspectos humanos, económicos, sociales y culturales. Podemos, a través de un proceso de "ingeniería reversa", "desconstruir" una receta para encontrar los productos agrícolas y las técnicas de cultivo, los condimentos utilizados y el tipo de pecuaria dominantes en una región. Pero el plato no se resume a sus aspectos materiales. Es necesario, también, que hagamos una "arqueología de los sabores", es decir, una deducción del tipo de clima y suelo principales, de los grupos étnicos presentes, de las migraciones existentes, de las influencias exteriores, así como de las características culturales. Por lo tanto, podemos, a partir de las recetas representativas de su gastronomía, descubrir muchos de los elementos que componen la geografía física y humana de una región. Y, como en una vía de dos manos, el conocimiento anticipado de los factores geográficos que configuran una determinada sociedad puede contribuir a la explicación de sus hábitos alimenticios. [...]

<www.mre.gov.br/dc/espanol/textos/revistaesp13-mat10.pdf>. Acceso: el 18 de febrero de 2009.

1. Tras leer el texto, se entiende a qué se refiere el título "Geografía de los sabores". ¿De qué se trata?

   _____
   _____

2. Según Adriano Botelho, son correctas las siguientes afirmaciones sobre la relación entre la gastronomía y el género de vida de un pueblo:
   a) Cada pueblo come lo que produce su tierra, independientemente de otros factores geográficos físicos o humanos.
   b) La comida representativa de cada pueblo puede revelar los elementos geográficos, físicos y humanos de la región donde vive.
   c) Una receta puede indicar hasta las técnicas de cultivo dominantes en la región.
   d) Cada comunidad usa los condimentos que son propios de su región para sazonar la comida.

3. ¿Qué significa "desconstruir" una receta?

   _____
   _____

4. Teniendo en cuenta que la palabra "arqueología" significa "ciencia que estudia los monumentos y restos que han perdurado de las civilizaciones antiguas" (Diccionario Salamanca de la lengua española), ¿cuál es el sentido dado por Adriano Botelho a la expresión "arqueología de los sabores"?

   _____
   _____

5. Teniendo en cuenta que en una región árida como La Mancha, D. Quijote comía básicamente palominos y granos (lentejas), ¿cuál es la comida típica de la región pampeana, donde hay abundante pasto y por donde campeaba Martín Fierro?

   _____
   _____

6. También es árida la región del Nordeste brasileño. ¿Qué comería el D. Quijote "cangaceiro" durante sus aventuras?

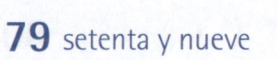

   _____

7. Busquen recetas típicas de La Mancha, del Nordeste brasileño y de La Pampa y péguenlas en el espacio siguiente.

> Sugerencia: Es igualmente interesante buscar una receta típica de su propia región y, con la ayuda del profesor de Geografía, relacionarla con la geografía física y humana del lugar.

Puerta de acceso

Por los caminos culturales

Texto 1:

Una ruta de cuatro etapas

Planteamos una ruta de cuatro etapas para conocer al héroe idealista, su paisaje y sus desventuras. Desde aquel lugar que Cervantes no quiso mencionar, partió Don Quijote en busca de aventuras. Se encontró con ventas que se imaginó castillos; rebaños que confundió con ejércitos y cuadrillas de penitentes que él supuso que eran secuestradores de distinguidas mujeres...

Quebró su lanza en batallas inútiles, frente a quimeras y gigantes que sólo él se imaginó, en campos que nos parecen familiares cuando recorremos las tierras de La Mancha y descubrimos estériles cerros coronados por molinos de viento o plácidas zonas de media montaña cubiertas de encinas, en cuyo entorno pastan los ganados.

Con ánimo de ofrecer no todo, sino lo más representativo de este territorio y acercarnos a la ruta del hidalgo, hemos trazado una ruta que zigzaguea por La Mancha y que recorreremos en cuatro etapas, cubriendo un trayecto que se asemeja a los perfiles de una inmensa letra zeta:

<http://www.guiarte.com/quijote/etapas/una-ruta-de-cuatro-etapas.html>. Acceso: el 15 de enero de 2012.

1. Según Cervantes, ¿dónde empieza la jornada de aventuras de Don Quijote?

2. ¿Cuáles son las cuatro etapas de la ruta de Don Quijote sugeridas en esta guía?

3. Anota algunos episodios mencionados en la guía, teniendo en cuenta que Don Quijote vive en una realidad imaginada, fantaseada.

4. ¿Existen de veras los molinos de viento en La Mancha que puedan ser vistos por el turista actual o son parte de la fantasía de Don Quijote?

Molinos de viento en La Mancha.

Texto 2

Roteiro do Cangaço

O Roteiro do Cangaço, imaginado por Luiz Rubem, procura resgatar ações dos cangaceiros e volantes na região [Paulo Afonso e seus arredores]. Na ida para a Casa de Maria Bonita, a 16 km de Paulo Afonso está o povoado Baixa do Boi, quase à margem da BR-110. Nessa região, no lugar chamado Lagoa do Mel, aconteceu um dos mais ferrenhos combates de cangaceiros com os soldados da volante, comandados pelo tenente Arsênio. Nesse combate morrem 17 soldados e também Ezequiel, o irmão mais novo de Lampião.

O projeto prevê a encenação dessa luta feita por moradores da região. Dali, os visitantes seguem para o povoado Riacho onde está a casa de D. Generosa, em frente à Serra do Umbuzeiro, "onde aconteciam os apreciados bailes frequentados pelos cangaceiros e regados a cachaça de Sergipe". Nesse local, um conjunto de forró pé de serra, da região, animaria os visitantes.

Museu do Cangaço e Centro de Estudos e Pesquisa do Cangaço – CEPEC, na antiga estação ferroviária da cidade de Serra Talhada (PE), 2010.

A etapa seguinte é a casa de Maria Bonita, recuperada pela família, com o apoio da Prefeitura de Paulo Afonso. Ali estarão 30 fotos da Rainha do Cangaço. Associado à visita, estarão disponibilizados para os turistas, peças de artesanato relativas ao cangaço, todas confeccionadas por moradores da região em um pequeno artesanato instalado pela Prefeitura em antiga escola municipal e um pequeno restaurante regional. Todas essas atividades serão realizadas por moradores do local, como uma alternativa de geração de renda para suas famílias. [...]

A Casa de Maria Bonita deverá ser aberta à visitação pública a partir do dia 11 de março de 2006, com a presença de parentes de Virgulino Ferreira, pesquisadores e veículos de comunicação nacional.

Disponible en: <http://www.portalpa.com.br/v2/noticia.php?Id=301>. Acceso: el 15 de enero de 2012.
(Texto parcial)

1. ¿Cuál es el objetivo del proyecto ideado por Luiz Rubem?

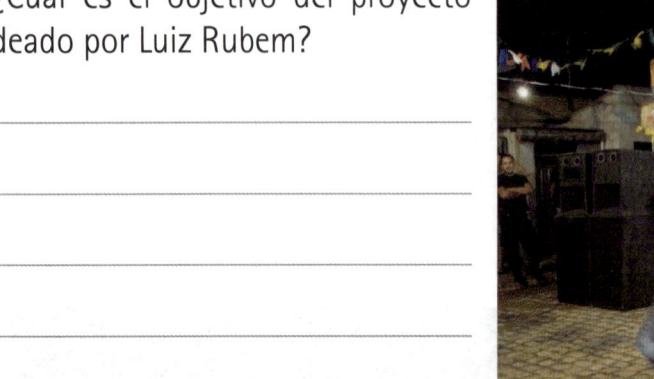

2. Aparte de la fama histórica de ser la región de los "cangaceiros", ¿en qué se beneficiarían los pueblos del municipio de Paulo Afonso con el proyecto de Luiz Rubem?

El "forró", danza típica.

3. Averigua en una enciclopedia o en Internet quién fue Virgulino Ferreira para contestar la siguiente pregunta: ¿Por qué invitaron a sus parientes para la inauguración de la Casa de Maria Bonita?

Texto 3

¿Qué es el camino del gaucho?

[...] La pampa, los gauchos, el maravilloso imaginario colectivo que Martín Fierro o Segundo Sombra elevaron a valor de referencia... ¿Qué queda aún de él, llegó realmente a existir?

El mundo gauchesco existió y sigue existiendo. Por encima de ficciones literarias y de realidades pretéritas ya barridas por los vientos de la historia, hubo y hay un universo cotidiano de cultura pampeana, de caballos y ganado, de estancias y potreros, de bañados y de lomas.

Pampas da Argentina, 2007.

Hubo y hay, desde el brasileño Rio Grande do Sul hasta los albores patagónicos, a lo largo y a lo ancho de Uruguay y de las provincias argentinas de Buenos Aires, Santa Fe y La Pampa, todo un mundo pampeano de extensos horizontes cabalgables. Los gauchos lo hicieron grande.

Aquellos viejos gauchos solitarios y errantes, celadores del ganado que no robaban, se disolvieron en la noche de los tiempos. Subsiste, sin embargo, el maravilloso paisaje ambiental y humano que en su día los alumbró. Venga a conocerlo. [...]

El camino del gaucho...

Su patrimonio cultural está íntimamente ligado al patrimonio natural. Poblados y ciudades históricas, al servicio de la producción rural (Magdalena, Chascomús, Dolores, General Lavalle, General Madariaga, entre tantos otros), estancias antiguas y bien preparadas para dar alojamiento turístico, cabalgatas, visitas a los mejores museos de la zona, contactos con los artesanos más destacados y su producción, así como exposiciones de arte. Una oferta cultural espléndida, que habla del pasado de la cultura gauchesca y de su vigencia hacia el futuro.

Pero en estos itinerarios de ensueño se enhebran ofertas artísticas o gastronómicas de gran calidad. Los mejores restaurantes de genuina comida criolla, fiestas folklóricas, espectáculos ecuestres, desayunos campestres, son algunos de los servicios para elegir. [...]

Disponible en: <http://www.caminodelgaucho.com.ar/Procientifico/proye_info.htm>. Acceso: el 17 de enero de 2012. (Texto parcial)

1. Según el texto, ¿qué tienen en común Río Grande del Sur, Uruguay y varias de las provincias argentinas?

   _____

   _____

2. Desde el punto de vista turístico, ¿cuál es el principal atractivo de la región pampeana?

   _____

   _____

3. Lee el siguiente fragmento y anota qué significa seguir siendo "gaucho de alma".

   > "Finalmente, la vida del gaucho actual, tractorista o domador, arriero o herrero, músico o poeta, es aquella de tantos descendientes de otros tantos gauchos criollos, que a veces cambian la alpargata por la zapatilla o el sombrero por el 'gorrito', pero que siguen siendo gauchos de alma, de cultura y de prácticas productivas."

   _____

   _____

Arriero: Persona que trajina con bestias de carga.
Herrero: Hombre que tiene por oficio labrar el hierro.
Zapatilla: Zapato ligero y de suela muy delgada. Zapato de comodidad o abrigo para estar en casa.

Puerta de acceso

Continúa leyendo otros fragmentos del poema de José Hernández pertenecientes a la segunda parte del libro de Hernández "La vuelta de Martín Fierro", en los que Martín Fierro les da consejos a sus hijos y al de Cruz. Después contesta las preguntas.

Texto 1

El trabajar es la ley
porque es preciso alquirir.
No se expongan a sufrir
una triste situación:
sangra mucho el corazón
del que tiene que pedir.

Debe trabajar el hombre
para ganarse su pan;
pues la miseria en su afán
de perseguir de mil modos,
llama en la puerta de todos
y entra en la del haragán.

Texto 2

Procuren de no perder
ni el tiempo ni la vergüenza;
como todo hombre que piensa
procedan siempre con juicio,
y sepan que ningún vicio
acaba donde comienza.

Ave de pico encorvado,
le tiene al robo afición;
pero el hombre de razón
no roba jamás un cobre,
pues no es vergüenza ser pobre
y es vergüenza ser ladrón.

Afán: ambición, interés codicia.
Haragán: holgazán, perezoso, vago.

Cobre: peso, dinero.

HERNÁNDEZ, José. Martín Fierro. Madrid: Edimat Libros S. A., 2004. (Colección Clasicos Seleción).

1. Según el texto 1, es correcto afirmar que:
   a) La ley obliga a trabajar.
   b) Es necesario comprar cosas para vivir.
   c) No vale la pena arriesgarse a sufrir situaciones tristes.
   d) El que pide se muere del corazón.
   e) El hombre debe trabajar para ganarse la vida.
   f) La miseria persigue de mil modos a los perezosos y vagos.

2. Corrige las afirmaciones incorrectas de la pregunta anterior.

   _____
   _____
   _____

3. Según el texto 2, es correcto afirmar que:
   a) La vergüenza y el tiempo son cosas que no se pueden perder.
   b) El hombre de juicio piensa bastante.
   c) El vicio siempre tiende a empeorar sin que la gente se dé cuenta.
   d) Hay aves que roban por simpatía.
   e) El hombre tiene razón al no robar jamás.
   f) No es vergüenza ser pobre, sino ladrón.

4. Corrige las afirmaciones incorrectas de la pregunta anterior.

   _____
   _____
   _____

5. ¿Cuáles son las virtudes que Martín Fierro les quiere enseñar a sus hijos en estas estrofas?

   _____

6. Transcribe los versos que confirman la respuesta anterior.

   _____

Explorando el texto

En grupos de 2 ó 3 compañeros.

Vuelvan a leer el texto y reflexionen sobre las virtudes del trabajo y la prudencia. Después, contesten las siguientes preguntas.

1. ¿Les parece importante que el hombre trabaje, y no robe, para vivir? ¿Por qué?

   _____
   _____
   _____

2. ¿Cuáles podrían ser las consecuencias negativas de robar?

   _____
   _____

3. ¿Cuáles son las ventajas de ser prudente?

   _____
   _____

4. ¿Podrían dar un buen ejemplo de "prudencia"?

   _____
   _____

5. Elijan una de las dos virtudes sobre las que han reflexionado y escriban un texto, explicando cuáles serían las consecuencias positivas y negativas de poseer la virtud, o no.

   _____
   _____

6. Usando el texto anterior, hagan carteles para transmitirles sus reflexiones sobre dicha virtud a sus compañeros de escuela. Cuélguenlos en las paredes de la clase o en el mural de la escuela.

Produciendo un texto propio

En grupos de 4 ó 5 compañeros.

1. Organicen un texto publicitario con fines de turismo cultural, siguiendo los siguientes pasos:

1.1. Elijan una de las tres rutas: la ruta de Don Quijote (personaje literario español), la ruta de la "Caatinga" (Don Quijote "cangaceiro") , o el camino del gaucho (Martín Fierro, el símbolo de las pampas).

1.2. Relean los textos anteriores y seleccionen los lugares que deben visitar: qué tipo de paisajes, qué cosas se pueden ver o visitar, qué pueden comer y qué otras opciones ofrecen: alojamiento en una casa especial, espectáculos folclóricos, productos de la tierra para degustar y comprar.

1.3. Busquen y seleccionen el material de ilustración: mapa, dibujos, fotos, fragmentos de texto de D. Quijote original, de D. Quijote nordestino o de Martín Fierro.

1.4. Escriban un texto objetivo, destacando los puntos de mayor interés.

1.5. Incluyan informaciones técnicas: cómo se llega, cuáles son los mejores hoteles, restaurantes o cafeterías, cuidados que se debe tener contra mosquitos u otros insectos, el teléfono de contacto, la página electrónica, etc.

2. Expongan el material publicitario en el mural de la escuela o de su clase.

Sugerencia: Elijan la mejor producción y publíquenla en el diario que los compañeros del 8º año están organizando.

Moinhos de vento acima da aldeia Consuegra, Ruta De Don Quixote, Castilla.

Puerta de salida

En grupos de 3 ó 6 compañeros.

1. Lean la continuación de las aventuras de Don Quijote nordestino y discutan todas las dudas de comprensión.

> Tras la lectura silenciosa comenten entre todos de qué trata la nueva aventura de Don Quijote. Averigüen también quiénes fueran Maria Bonita y Lampião.

Escuchando

Pista 11

Escucha el poema de Don Quijote y practica:

Descansó en aquella noche
bajo árboles y un seto.
Don Quijote no cenó,
sufrió insomnio completo;
sólo en mente Dulcinea,
su más puro amor secreto.

Se marchó al día siguiente
Adonde su amada estaba.
Guiado por el amor,
Obstáculos enfrentaba
y a cualquier hora del día
en Dulcinea pensaba.

Una noche muy bien despierto
pensó en su incierto destino,
pensó en su cierto pasado,
pensó con un gran atino
y descubrió que era él
brasileño y nordestino.

De España vino a Brasil
junto con fiel escudero
y vislumbraron dos hombres
que creyeron hechiceros,
pero pronto percibieron
que eran dos bandoleros.

Don Quijote ya avanzó,
diciendo en aquel paraje:
— Libertad a esa mujer
que lleváis en carruaje;
si no, morirán todos
y no acaban el viaje.

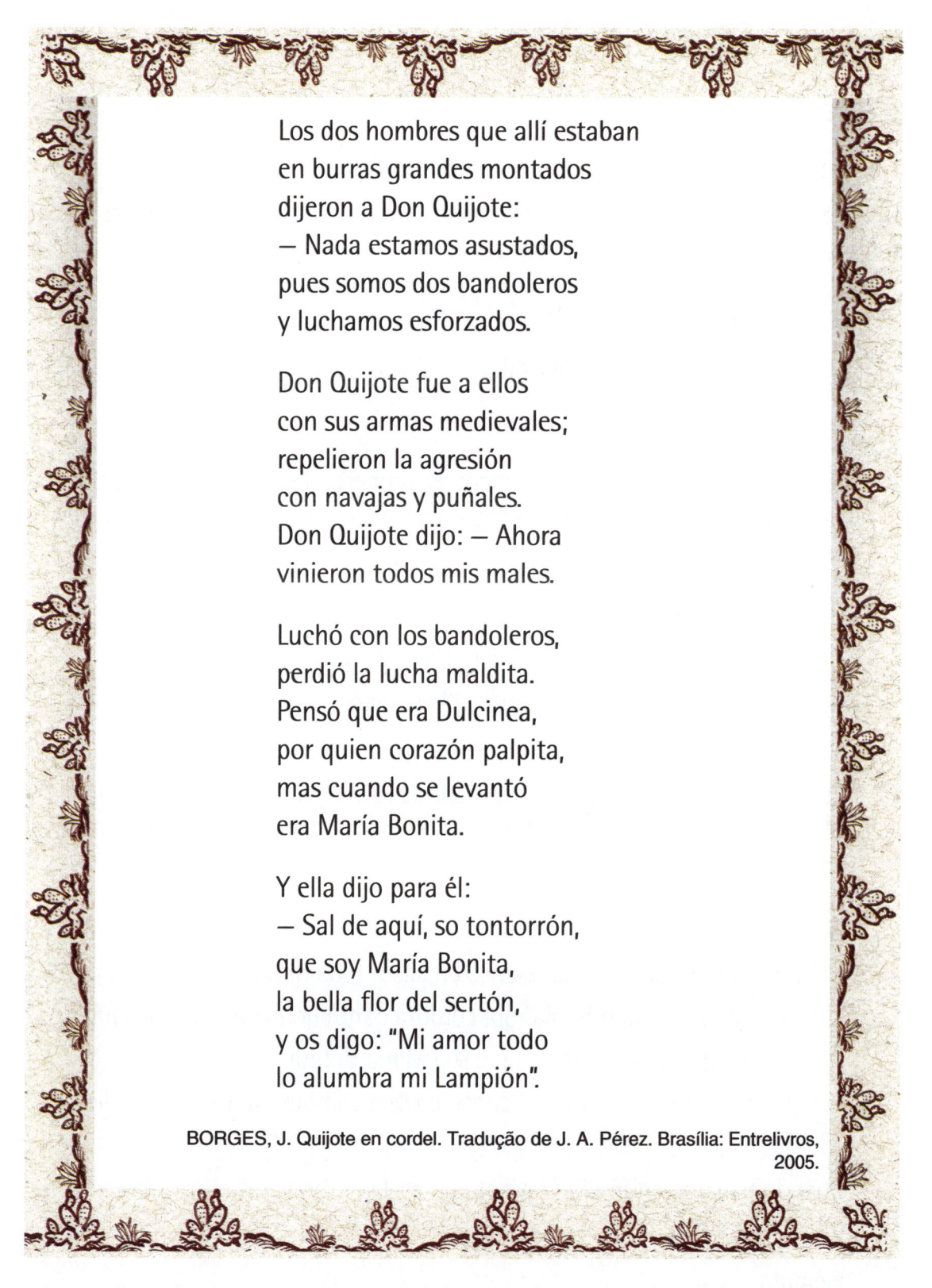

Los dos hombres que allí estaban
en burras grandes montados
dijeron a Don Quijote:
— Nada estamos asustados,
pues somos dos bandoleros
y luchamos esforzados.

Don Quijote fue a ellos
con sus armas medievales;
repelieron la agresión
con navajas y puñales.
Don Quijote dijo: — Ahora
vinieron todos mis males.

Luchó con los bandoleros,
perdió la lucha maldita.
Pensó que era Dulcinea,
por quien corazón palpita,
mas cuando se levantó
era María Bonita.

Y ella dijo para él:
— Sal de aquí, so tontorrón,
que soy María Bonita,
la bella flor del sertón,
y os digo: "Mi amor todo
lo alumbra mi Lampión".

BORGES, J. Quijote en cordel. Tradução de J. A. Pérez. Brasília: Entrelivros, 2005.

Continuemos practicando la buena pronunciación del español

Escuchando

Pista 12

La entonación de las frases afirmativas

Las frases afirmativas siempre empiezan con un tono alto hasta la última sílaba tónica, cuando se vuelve descendiente.

> Ejemplo:
> En Dulcinea pensaba.
> Don Quijote.

B. Cuando hay muchos grupos fónicos el primero siempre termina de forma ascendiente, indicando que la frase continúa y el último es descendiente indicando que la frase termina.

> Ejemplo:
> Descansó en aquella noche
> Los dos hombres que allí estaban.

C. Cuando una oración viene entre paréntesis o entre comas, ésta se inicia y termina en tonos descendientes y es precedida de una oración que funciona como las anteriores (letra B)

> Ejemplo:
> La más hermosa doncella (pienso en ella a toda hora)
> Sé mi verdadero nombre (ahora cordura gano) no me llamo Don Quijote
> – Sal de aquí, so tontorrón, /que soy María Bonita
> – Y, pensando en el pasado,/ pensó en una campesina /de porte delicado

D. Cuando hay una enumeración por comas, la entonación entre ellas es siempre descendiente.

> Ejemplo:
> En su casa, poca gente: él y un ama gobernanta, más sobrina, buena moza, hermosa como una santa

E. En casos de enumeraciones en que entre los últimos elementos se utiliza una conjunción (**y** por ejemplo) la entonación se comporta igual a las frases con paréntesis.

> Ejemplo:
> Descansó aquella noche bajo árboles y un seto un muchacho que cuidaba de la casa y toda planta

Pista 13

1. Ahora escucha el audio sobre la caatinga que leíste y di qué tipo de entonación se utiliza en la lectura de este texto, utilizando ↗ para las ascendientes y ↘ para las descendientes.

Caatinga

La caatinga o catinga (del tupí: "bosque blanco" o "vegetación blanca", kaa = bosque, vegetación, tinga = blanco) es un tipo de vegetación y una ecorregión caracterizada por esa vegetación en el Brasil nordestino. Es un bioma exclusivo de Brasil. Cubre entre 700 mil y 1 millón de kilómetros cuadrados (depende de la fuente), cerca de un 10% del territorio brasileño.

La caatinga se caracteriza por una flora arbustiva desértica y xerófila, y bosque espinoso, básicamente de árboles espinosos y pequeños, caducifolios, cactos, plantas de gruesa corteza, arbustos espinosos y pastos adaptados a la aridez en la base. Muchas plantas anuales crecen, florecen y mueren durante la corta estación lluviosa. [...]

Cubre la porción nordeste de Brasil. Está localizada entre 3ºS45ºW y 17ºS35ºW, a través de ocho estados brasileños: Piauí, Ceará, Rio Grande do Norte, Paraíba, Pernambuco, Alagoas, Sergipe, Bahia y parte de Minas Gerais. La Caatinga incluye enclaves de bosque húmedo tropical, conocidos como los Enclaves de bosque húmedo de Caatinga. [...]

2. Lean la continuación de las aventuras de Don Quijote nordestino y discutan todas las dudas de comprensión.

3. Vuelve a escuchar el audio del Quijote (Pista 11), prestando atención en cómo se entonan las frases para producir el tono teatral de la aventura.

En equipos de 3 a 6 compañeros.

4. Dividan el texto entre los equipos: cada uno de ellos puede leerlo al unísono, o sumarse una nueva voz en cada verso hasta llegar al final de la estrofa, cuando todos los miembros del grupo lo leen juntos. No se olviden de la entonación correcta y de la emoción que la lectura debe transmitir.

¿Cómo interpretas tú los últimos versos del poema que dice: "[...] soy María Bonita, la bella flor del sertón, y os digo: 'Mi amor todo lo alumbra mi Lampión'"? Discute con tus compañeros, retomando quiénes fueron Maria Bonita y Lampión.

Direitos: ICCA e Sociedade do Cangaço/Foto: B. Abrahão

¿Listos para la próxima aventura?

D. Quijote y Martín Fierro revisitados

unidad 4

D. Quijote en la literatura de cordel
Martín Fierro en el cómic

Objetivo:
Producir y exponer poemas de cordel

Calentando el motor

1. Anota el título de la obra de cada escritor retratado en el espacio indicado.
2. Anota el nombre del autor de cada obra indicada y su nacionalidad.

_____
_____
_____
_____

_____
_____
_____
_____

Jô Oliveira/J.Borges

Acervo J. Borges

Español unidad 4 . D. Quijote y Martín Fierro revisitados

99 noventa y nueve

Biblioteca Virtual Cervantes / W.Commons

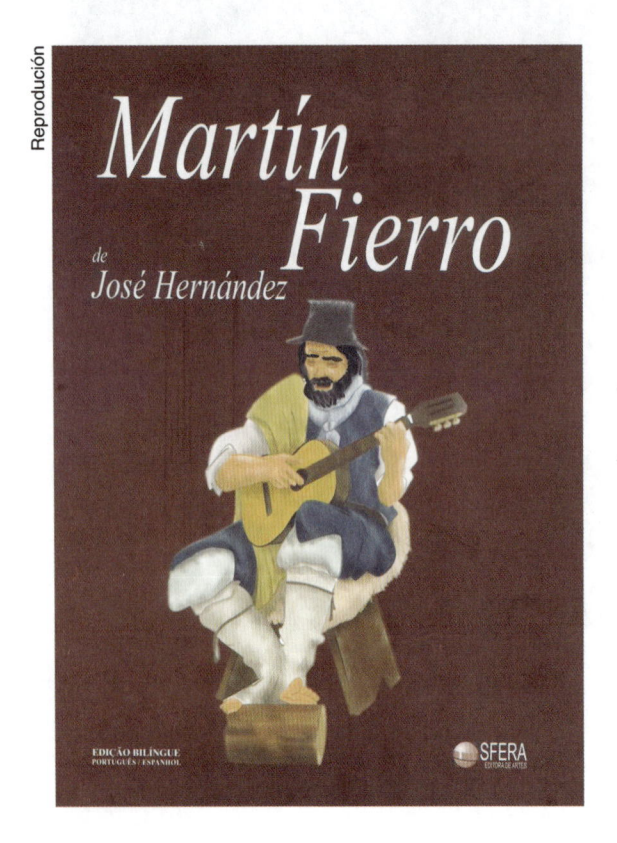

Reproducción

Martín Fierro
de José Hernández

EDIÇÃO BILÍNGUE
PORTUGUÊS / ESPANHOL

SFERA
EDITORA DE ARTES

100 cien

Puerta de acceso

Aventuras biográficas

Texto 1

Cervantes, entre las armas y las letras

"Aunque no escasean los datos documentales que permiten trazar la biografía de Cervantes, es tal el interés que siempre ha despertado todo lo referente al gran escritor que se ha derrochado mucho ingenio y mucha fantasía para llenar las lagunas de información cierta y fehaciente".

Como advierte Martín de Riquer en una de las ediciones canónicas más recomendables del Quijote, la vida del más universal de los autores en lengua castellana bien podría componer un trepidante novelón de aventuras.

> **Derrochado:** v. derrochar. Gastar en exceso;
> **Fehaciente:** que certifica una cosa con total certeza o evidencia. En este texto, significa "comprobada".

Nacido en Alcalá de Henares, en el seno de una familia acostumbrada a las estrecheces económicas, Miguel de Cervantes y Saavedra (1547-1616) pretendió hacer carrera militar antes de decidirse finalmente por el oficio de las letras. Como soldado, guerreó en la famosa batalla de Lepanto, en 1571. La mala fortuna quiso que, mientras regresaba en barco a España, el madrileño fuera apresado por piratas turcos y conducido como prisionero a Argel. Allí permaneció cautivo durante cinco años, hasta que el pago de varios rescates hizo posible su liberación. De vuelta a España, a partir de 1587 trabajó como pudo. Mientras tanto, hacía ya tiempo que el escritor venía ejercitando sus dones literarios.

> **Advierte:** v. advertir. Hacer ver <una persona o una cosa> [una cosa] [a una persona];
> **Canónico:** que se atiene a las reglas de una actividad. En este texto, se refiere a una edición que sigue las reglas de la actividad editorial.

Pero el éxito solo llegó con la publicación, en 1605, de la primera parte del Quijote. Según cuenta Martín de Riquer, el 10 de junio de ese año, durante la celebración de los festejos reales, se organizó en

Valladolid un espectáculo en el que figuraban dos personajes disfrazados de Don Quijote y Sancho. Habían pasado tan solo unos meses desde la publicación de **El ingenioso hidalgo Don Quijote de La Mancha**, y sus protagonistas ya eran famosos. [...]

RLN, la revista de La Nación, 26 de diciembre de 2004. (Texto parcial).

1. Sobre los episodios de la vida de Cervantes, corrige las alternativas incorrectas:

    a) Cervantes nació en Alcalá de Henares en una familia más bien rica.

    b) Tuvo experiencia militar antes de publicar la primera parte del Quijote.

    c) Antes de publicar la primera parte del Quijote ya era un escritor famoso.

    d) Cuando iba a participar de la batalla de Lepanto fue secuestrado por piratas turcos.

    e) Después de cinco años de cautiverio, consiguió huir de Argel.

    f) En Valladolid vivían Don Quijote y Sancho Panza que sirvieron de personajes a la obra de Cervantes.

    _____
    _____
    _____
    _____

2. ¿Por qué afirma Martín de Riquer que no se conoce totalmente la vida de Cervantes?

    _____
    _____

3. Según el texto, el título "Cervantes, entre las armas y las letras" indica que Cervantes:

    a) estaba indeciso entre ser soldado o ser escritor;

    b) quería ser soldado y escritor;

    c) fue un hombre de armas y de letras;

    d) fue obligado a elegir entre ser soldado o escritor.

Texto 2

A arte de J. Borges do Cordel à Xilogravura

José Francisco Borges ou J. Borges (1935), como prefere ser chamado, é considerado o maior gravador popular em atividade no Brasil. Admirado pelo escritor e amigo de longa data Ariano Suassuna, J. Borges traduz em versos e traços o imaginário nordestino, dos costumes às lendas fantásticas. O Museu Oscar Niemeyer abre a exposição "A arte de J. Borges do Cordel à Xilogravura", nesta quinta-feira (14), às 19:30. [...]

De 15/2/2008 a 4/5/2008
Museu Oscar Niemeyer
Rua Marechal Hermes, 999 – Centro Cívico

Imaginário: elementos culturales que no tienen existencia real o verdadera, sino que solo existen en la imaginación de la gente.

Em exibição há mais de 40 cordéis e cerca de 100 xilogravuras e matrizes originais. A exposição ambientada na história pessoal do artista, na pacata Bezerros, cidade do agreste de Pernambuco, situa a produção de Borges no contexto do cordel nordestino e, principalmente, na arte brasileira. Foi pelo resultado obtido com a publicação de seu primeiro cordel "O Encontro de Dois Vaqueiros no Sertão de Petrolina" que ele começou a produzir xilogravuras.

Lira Nordestina, oficina de xilogravura no Ceará.

Xilogravura: grabado en madera de figuras y eventos históricos y sociales.

J. Borges lembra que, se os dez meses de escola que frequentou não lhe ensinaram "a conta de dividir", os folhetos de cordel fortaleceram o "gosto pela palavra escrita". O pernambucano diz que o primeiro cordel, publicado em 1964, lhe rendeu "cinco milheiros de muita sorte", em apenas dois meses. Animado com o resultado, escreveu o segundo chamado "O Verdadeiro Aviso de Frei Damião sobre os Castigos que Vêm", que o conduziu pela primeira vez ao entalhe. Em uma colher de madeira de jenipapo talhou a fachada de uma igreja.

> **Marchand**: profesional que actúa en el proceso de divulgación y distribución de la producción de un artista.

Atraídos pela riqueza histórica dessa obra, a partir de 1970, artistas plásticos, intelectuais e marchands passaram a fazer encomendas das xilogravuras, fortalecendo progressivamente a obra. [...]

Atualmente, instalado em um novo ateliê, construído ao lado da casa onde vive em Bezerros – o antigo deixou para os filhos que seguem o ofício –, J. Borges está com a agenda cheia de trabalho neste ano. Além de abrir a mostra em Curitiba, já apresentada em Brasília, o artista se prepara para levar a exposição aos Estados Unidos. Esta será a sexta vez que os trabalhos dele serão exibidos aos americanos.

<http://www.descubracuritiba.com.br/?s=exposicao&ss=expo&id=211>. Acceso: el 9 de febrero de 2009.

Ariano Suassuna: Escritor, abogado, profesor, teatrólogo brasileño (1927 – Paraíba), se hizo famoso con la obra "O Auto da Compadecida" (1955). Es autor de la novela "Romance da Pedra do Reino e o Príncipe do Sangue do Vai e Volta" (reeditado en 2005).

1. ¿En qué es especialista J. Borges?

2. ¿A qué le atribuye J. Borges su gusto por la palabra escrita?

3. Según el texto, ¿cuál es la frase que confirma la información de que la escuela no le sirvió mucho para su carrera de poeta?

_____

_____

4. Según el texto, es correcto afirmar que:

   a) J. Borges aprendió con su amigo Ariano Suassuna a escribir poesías en cordel.

   b) Cuando publicó su primer poema de cordel, J. Borges no se había iniciado en el arte de xilografía.

   c) El tema a que se dedica J. Borges es la cultura nordestina.

   d) El reconocimiento de la producción artística de J. Borges en el exterior se debe a su tema regionalista.

   e) Después de enseñar el oficio a sus hijos, J. Borges se jubiló y se fue a vivir en Becerros.

Explorando el texto

En parejas.

1. ¿A qué se refieren las informaciones puestas inmediatamente debajo del título del texto?

_____

_____

2. Según el texto, la agenda de este año de J. Borges ya está completa. ¿De qué año se trata?

_____

3. Ordenen cronológicamente los hechos biográficos de J. Borges.

   a) J. Borges nació en 1935.

   b) Después del poema "O Verdadeiro Aviso de Frei Damião Sobre os Castigos que Vêm" empezó a dedicarse a la xilografía.

   c) En 2008 abrió una exposición en Brasilia antes de hacerlo en Curitiba.

d) Cursó la escuela por diez meses.

e) El primer poema de cordel publicado fue todo un éxito.

f) A partir de 1970, artistas y empresarios de arte empezaron a encargarle xilografías.

g) La quinta exposición de su obra en Estados Unidos fue posterior a la de Curitiba.

Texto 3

El gaucho José Hernández

Nombre completo: José Rafael Hernández y Pueyrredón (1834-1886)

Se crió en la propiedad de su tía Victoria Pueyrredón, la chacra Pueyrredón en el antiguo caserío de Pedriel en el partido de San Martín el 10 de noviembre de 1834. Sus padres fueron Rafael Hernández e Isabel Pueyrredón. [...]

Sus padres viajaban seguido a las estancias del sur, propiedad de ellos, y dejaban al niño al cuidado de su tía Victoria, apodada "Mamá Toto" y cuando por razones políticas ella debió emigrar quedó al cuidado de su abuelo paterno, José Gregorio Hernández Plata, que poseía una quinta en Barracas sobre el Riachuelo.

Estudió en el Liceo Argentino de San Telmo dirigido por Pedro Sánchez entre los años 1841 y 1845 recibiendo clases de lectura y escritura, doctrina cristiana, historia antigua, romana y de España, aritmética, dibujo y gramática castellana. En 1845 se agregaron cursos de francés, geometría y geografía sin costo adicional en reconocimiento del director Sánchez de su capacidad y conducta.

En 1843 falleció su mamá y él padecía un problema en el pecho que por prescripción médica debía ser tratado con un cambio de clima, lo que lo obligó en 1846 a abandonar sus estudios y trasladarse a las pampas de la provincia de Buenos Aires. [...] Esto le permitió entrar en contacto con los gauchos, aprendió a andar a caballo y a realizar todas las tareas que estos realizaban. Además fue la base de sus profundos conocimientos de la vida rural y cariño por el paisano que demostró en todos sus actos y tuvo una visión directa de la realidad del hombre de campo donde pudo "captar el sistema de valores, lealtades y habilidades que cohesionaban a la sociedad rural".

Disponible en: <http://es.wikipedia.org/wiki/Jos%C3%A9_Hern%C3%A1ndez>. Acceso: el 23 de enero de 2012. (Texto parcial)

1. Al examinar los datos biográficos de Cervantes, de J. Borges y de J. Hernández, es posible notar que los tres:

   a) recibieron una buena formación escolar.

   b) su obra fue reconocida en vida.

   c) son escritores del siglo XIX.

   d) ejercieron otros oficios además de escribir textos literarios.

   e) pasaron por momentos económicos difíciles en su vida.

2. A continuación, corrige las respuestas equivocadas del fundo anterior

   _____
   _____
   _____
   _____

3. El hecho de empezar a vivir en las pampas, hizo que José Hernández

   a) mejorara de salud.

   b) abandonara los estudios que había iniciado en San Telmo.

   c) se apartara de la cultura gaucha.

   d) comprendiera el sistema de valores del hombre rural argentino.

   e) empezara a sentir cariño por los gauchos.

   f) no quisiera abandonar más la vida del campo.

4. Teniendo en cuenta las respuestas del punto anterior, es posible deducir que antes de trasladarse a las pampas, Hernández

   a) tenía problemas de salud.

   b) no le iba bien en los estudios.

   c) no conocía de cerca cómo era la vida en las pampas.

   d) conocía superficialmente cómo era la vida rural de los gauchos.

   e) ya se sentía especialmente atraído por la cultura gaucha rural.

Interactuando con el texto

En grupos de 4 ó 5 compañeros.

1. Lean en silencio el siguiente fragmento textual y contesten las preguntas propuestas.

> *Don Quijote es un loco, y por eso estropea todo lo que toca, porque lo hace sin sensatez. Pero a diferencia de muchos políticos, ideólogos y dirigentes actuales, don Quijote actúa siempre con buena intención, y si fracasa siempre, no siempre es por su culpa. Sancho es otro héroe. Y los dos sienten curiosidad por el mundo y gustan de las aventuras. Y todo eso quiere decir que el Quijote se basa en la dignidad y en la libertad. Y por esas cosas y otras semejantes don Quijote está dispuesto a luchar con quien sea: este espíritu de lucha para defender las cosas en que cree es el espíritu del Quijote.*
>
> (Ignacio Arellano, cervantista y director del Grupo Investigación Siglo de Oro, vinculado a la Universidad de Navarra, España)
>
> *La clave del éxito del Quijote es la misma que la del éxito atemporal de todas las grandes obras maestras: su capacidad de sobrevivir a los cambios circunstanciales, porque va más allá de ellos y apela a cuestiones que siguen pareciendo esenciales: la ilusión, la aventura, el fracaso, la lucha contra las injusticias, el error en el juicio de las cosas y los hombres, la amistad y la generosidad.*
>
> (Ibidem)
> RLN, la revista de La Nación, 26 dez. 2004. (Texto Parcial)

2. ¿Qué es el "espíritu del Quijote"?

_____

_____

3. Discutan entre los componentes del equipo a qué se refieren las nociones quijotescas de "dignidad" y "libertad".

_____
_____
_____

4. ¿Cuál es su concepto de "amistad"? De forma objetiva, anoten la respuesta a continuación.

_____
_____
_____

5. En su opinión, ¿la "amistad", la "generosidad" y la "lealtad" forman parte del sistema de valores que menciona el autor de la biografía de José Hernández? ¿Qué otros valores le agregarían a la lista?

_____
_____
_____

6. Hagan un resumen de las virtudes del Quijote y de Martín Fierro?

Quijote: _____
_____
_____
_____

Martín Fierro: _____
_____
_____
_____

Produciendo un texto propio

1. Lean el siguiente fragmento de "Don Quijote en cordel" con su correspondiente ilustración en forma de xilografía y señalen las relaciones intertextuales entre la narrativa de Cervantes y la versión brasileña de J. Borges de acuerdo a las características de la literatura de cordel.

> Don Quijote convenció
> a su muy fiel escudero.
> Dijo: –Vamos a Brasil
> y en el Nordeste lindero
> hallamos al enemigo,
> el muy fuerte bandolero.
>
> Llegaron a Minas Gerais
> fueron incluso a Bahia
> donde vieron a dos frailes
> que iban de romería,
> montados en dos burros,
> que mayores no había.
>
> BORGES, J. Don Quijote en cordel. Trad. J. A. Pérez-Montoro. Ilustración de Jô Oliveira.

En parejas

2. Lean los siguientes fragmentos de los cantos I y II de "El gaucho Martín Fierro" (1872) y compárenlos con los fragmentos anteriores del Quijote en cordel. Opinen sobre la forma de las estrofas, la cantidad de sílabas y las rimas.

Canto I

[...]
Yo no soy cantor letrao
mas si me pongo a cantar
no tengo cuándo acabar
y me envejezco cantando:
las coplas me van brotando
como agua de manantial.

Con la guitarra en la mano
ni las moscas se me arriman;
naides me pone el pie encima,
y, cuando el pecho se entona,
hago gemir a la prima
y llorar a la bordona.

Letrao: culto; erudito.
Naides: nadie; me pone el pie encima: (nadie) lo vence;
Bordona: cada una de las cuerdas cuarta, quinta y sexta de la guitarra se llama bordón, pero el gaucho, que para acompañarse en el canto solía usar de preferencia la prima y la cuarta, daba sólo a esta última tal nombre, aunque convirtiéndolo en femenino (bordona).

Canto II

[...]
Yo he conocido esta tierra
en que el paisano vivía
y su ranchito tenía
y sus hijos y mujer...
Era una delicia el ver
cómo pasaba sus días.

Entonces... cuando el lucero
brillaba en el cielo santo,
y los gallos con su canto
nos decían que el día llegaba,
a la cocina rumbiaba
el gaucho... que era un encanto.

[...]
Y apenas la madrugada
empezaba a coloriar,
los pájaros a cantar
las gallinas a apiarse,
era cosa de largarse
cada cual a trabajar.
[...]

Rumbiaba: se dirigía;
Coloriar: ganar color;
Apiarse: cacarear.

Disponible en: <http://www.literatura.org/Fierro/mf1.html>. Acceso: el 16 de abril de 2012.

3. Señalen las características de la literatura de cordel en el siguiente texto.

¿Qué es la literatura de cordel?

La literatura de cordel es un tipo de poesía, originalmente oral, y después escrita en los llamados pliegos de cordel puestos en venta en tendederos de cuerdas, de ahí su nombre. Fueron típicas en España y Portugal y tuvieron mayor éxito aún en Brasil. Están escritos en forma de rima y algunos poemas están ilustrados con xilografías. Las estrofas más comunes son de diez versos, y otras de seis. Los autores, o cordelistas, recitaban los versos de forma melodiosa acompañados de viola. [...]

Los temas tratados son mayoritariamente de hechos cotidianos, episodios históricos, leyendas y religión. Los autores creaban estas composiciones cuando un hecho de importancia tenía lugar, como el suicidio del presidente de Brasil, Getúlio Vargas. En Brasil la producción es típica de la zona nordeste, sobre todo los estados de Pernambuco, de Paraíba, y de Ceará.

Disponible en: <http://es.wikipedia.org/wiki/Literatura_de_cordel>. Acceso: el 8 de febrero de 2009.

En general, ya no se expone más la literatura de cordel en cordel. a) es un tipo de poesía; b) originalmente oral, y después escrita; c) son poemas con rimas; d) se exponen en pliegos de cordel; e) tradicionalmente de Portugal y España; f) llevan ilustraciones con xilografías; g) las estrofas más comunes son de 10 ó 6 versos; h) se recitan los versos acompañados de viola; i) los temas más tratados son episodios históricos, leyendas y religión; j) en Brasil es una literatura típicamente nordestina.

4. Con base en todas las informaciones anteriores creen un poema de cordel, siguiendo las siguientes orientaciones:

a) Discutan y escojan un asunto de las aventuras de Don Quijote o de Martín Fierro, adaptándolas a la realidad de su región. Por ej.: ¿Qué le pasaría a un Don Quijote gaucho?

b) Relaten el episodio con sencillez;

c) Revisen el texto producido, poniendo atención a la rima y a la cantidad de versos de cada estrofa;

d) Elaboren la ilustración: con ayuda de su profesor(a) de artes, o de un especialista, organicen un taller de xilografías para incluirlas en el poema. En caso de que no sea posible organizarlo, sustituyan este tipo de ilustración por otro.

e) Piensen en el mejor título, respetando el tema escogido.

f) Preséntenlo en clase con el fondo musical apropiado.

g) Cuando todos los grupos hayan acabado de producir el poema de cordel, expónganlo de forma tradicional, en cordeles.

Puerta de acceso

Historieta

Se llama historieta o cómic a una "serie de dibujos que constituyen un relato", "con texto o sin él", así como al medio de comunicación en su conjunto. Partiendo de la concepción de Will Eisner de esta narrativa gráfica como un arte secuencial, Scott McCloud llega a la siguiente definición: "Ilustraciones yuxtapuestas y otras imágenes en secuencia deliberada con el propósito de transmitir información u obtener una respuesta estética del lector". Sin embargo, no todos los teóricos están de acuerdo con esta definición, la más popular en la actualidad, dado que permite la inclusión de la fotonovela y, en cambio, ignora el denominado humor gráfico.

El interés por el cómic "puede tener muy variadas motivaciones, desde el interés estético al sociológico, de la nostalgia al oportunismo". Durante buena parte de su historia fue considerado incluso un subproducto cultural, apenas digno de otro análisis que no fuera el sociológico, hasta que en los años 60 del pasado siglo se asiste a su reivindicación artística, de tal forma que Morris y luego Francis Lacassin han propuesto considerado como el noveno arte, aunque en realidad sea anterior a quellas disciplinas a las habitualmente se les atribuyen las condiciones de octavo (fotografía, de 1825) y séptimo (cine, 1886). Seguramente, sean este último medio y la literatura los que más la hayan influido, pero no hay que olvidar tampoco que "su particular estética ha salido de las viñetas para alcanzar a la publicidad, el diseño, la moda y, no digamos, el cine.

Disponible en: <http://es.wikipedia.org./wiki/Historietas>. Acceso: el 15 de abril de 2012.

1. Según Will Eisner, lo que constituye una historieta o cómic es:

   a) una secuencia de dibujos que forman un relato.

   b) un relato corto que es ilustrado con algunas ilustraciones.

   c) una serie de diferentes ideas sobre un tema unidas por una ilustración.

   d) un relato contado en forma de dibujos, que puede tener texto o no.

   e) una narrativa cómica en forma de diálogo.

2. Según algunos teóricos, la definición cómic de Scott Mc Cloud:

   a) es tan amplia que incluye también la fotonovela.

   b) atiende exclusivamente a las características propias de ese género.

   c) deja de fuera el humor gráfico.

   d) es tan exacta que excluye otros tipos de relato como el humor gráfico y la fotonovela.

   e) considera la presencia del humor como condición necesaria para ese género.

3. De las alternativas a seguir ¿cuál es la única correcta?

   a) El cómic fue considerado como el noveno arte porque surgió después del cine y de la fotografía.

   b) La estética particular del cómic se creó inspirada en el lenguaje visual del cine.

   c) El cómic fue creado en los años 60 del pasado siglo.

   d) Actualmente son los sociólogos los que se dedican a rescatar el valor artístico de los cómics.

   e) Cuando el cómic era considerado un subproducto artístico, los sociólogos lo estudiaban como objeto cultural.

Interactuando con el texto

En grupos de 3 ó 4 compañeros.

1. Lean el texto a continuación y organicen en un cuadro las diversas denominaciones de historieta?

En los países hispanoamericanos, se usan varios términos autóctonos, como *monos* y su variante *monitos*, muy usada en México, y sobre todo *historieta*, que procede de Hispanoamérica, y es el más extendido. Algunos países hispanohablantes mantienen además sus propias denominaciones locales: *Muñequitos* en Cuba y *tebeo* en España.

Hacia los años setenta comenzó a imponerse en el mundo hispanoparlante el término de origen anglosajón *cómic* (procedente a su vez del griego *kõmikos*, de o perteneciente a la "comedia", que se debe a la supuesta comicidad de las primeras historietas. En inglés, se usaban además los términos *funnies* (es decir, divertidos) y *cartoon* (por el tipo de papel basto o cartón en donde se hacían), pero con el tiempo los "animated cartoons" o dibujos animados tendieron a reservarse la palabra "cartoon". Posteriormente aparece desde el movimiento contracultural el término *comix*, primero en inglés y luego en otras lenguas, que suele reservarse para publicaciones de este estilo.

Obviamente, las historietas no tienen por qué ser cómicas y por ellos los franceses usan desde los años 60 el término *bande dessinée* (tiras dibujadas), abreviado BD, que en realidad es una adaptación de *comic strip*. El portugués tradujo del francés para crear banda desenhada, mientras que en Brasil se la denomina *história em quadrinhos* (historia en cuadritos), haciendo así referencia al procedimiento sintáctico de la historieta, como también sucede con el término chino *liánhuánhuá* (imágenes encadenadas).

En relación a otros nombres asiáticos, el término *mangá* (dibujo informal) se ha impuesto en japonés a partir de Osamu Tezuka quien lo tomó a su vez de *Hokusai*, mientras que se reserva el término *komikkusu* para la historieta estadounidense. Los filipinos usan el similar *komils*, pero lo aplican en general, mientras que en Corea y China usan términos derivados de mangá como *manhwa* y *manhua*, respectivamente.

Finalmente, en Italia la historieta se denominó *fumetti* (nubecillas) en referencia al globo de diálogo.

<http://es.wikipedia.org/wiki/Historieta>. Acceso: el 15 de abril de 2012.

2. Seleccionen algún ejemplo de cómic para ilustrar el cuadro anterior.

3. Comparen los cómics escogidos entre todos para destacar las semejanzas y diferencias de estilo. Anoten las respuestas.

SEMEJANZAS	DIFERENCIAS

Produciendo un texto propio

Ahora, produzcan su propio cordel sobre Martín Fierro, basándose en las informaciones de las páginas anteriores. No se olviden de dibujar y de escribir la historia.

Puerta de acceso

Continúa leyendo las siguientes estrofas del poema de José Hernández pertenecientes a la segunda parte del libro de José Hernández "La vuelta de Martín Fierro", en los que el personaje principal les da más consejos a sus hijos y al de Cruz. Después contesta las preguntas.

Texto 1

Yo nunca tuve otra escuela
que una vida desgraciada.
No extrañen si en la jugada
alguna vez me equivoco,
pues ha de saber muy poco
aquél que no aprendió nada.

Hay hombres que de su cencia
tienen la cabeza llena
hay sabios de todas menas;
mas digo sin ser muy ducho:
es mejor que aprender mucho
el aprender cosas buenas.

Texto 2

El hombre no mate al hombre
ni pelee por fantasía.
Tiene en la desgracia mía
un espejo en qué mirarse.
Saber el hombre guardarse
es la gran sabiduría.

La sangre que se derrama
no se olvida hasta la muerte.
La impresión es de tal suerte,
que a mi pesar, no lo niego,
cai como gotas de fuego
en la alma del que la vierte.

Cencia: ciencia.
Ducho: conocedor.

Guardarse: ponerse a buen recaudo.
Redama: derrama.

HERNÁNDEZ, José. Martín Fierro. Madrid: Edimat Libros S. A., 2004.
(Colección Clasicos Selección).

1. Según el texto 1, es correcto afirmar que:

    a) Martín Fierro nunca fue a la escuela en su vida.

    b) Les pide a sus hijos que no lo extrañen.

    c) El que sabe muy poco debe de ser porque no aprendió nada.

    d) Muchos hombres saben mucho.

    e) Martín Fierro es muy conocedor.

    f) Siempre que se aprendan cosas buenas, más vale saber poco que saber mucho.

2. Según el texto 2, es correcto afirmar que:

    a) El hombre que mata al hombre pelea por fantasía.

    b) Cualquiera puede verse en el espejo de Martín Fierro.

    c) El que derrama sangre se impresiona mucho.

    d) El que sangra no se olvida nunca.

    e) La impresión es tan grande que quema el alma del que mata.

3. Corrige las afirmaciones incorrectas de la pregunta anterior.

    _____
    _____
    _____

4. ¿Cuáles son las virtudes que Martín Fierro les quiere enseñar a sus hijos en estas estrofas?

    _____
    _____

5. ¿A qué tipo de conocimiento se refiere Martín Fierro?

    _____

6. ¿Qué tipo de violencia rechaza el personaje?

    _____

Explorando el texto

En grupos de 2 ó 3 compañeros.

Vuelvan a leer el texto y reflexionen sobre las virtudes del conocimiento y la no violencia. Después, contesten las siguientes preguntas.

1. ¿Creen que es importante que el hombre aprenda? ¿Por qué?

2. ¿Qué le pasaría a una persona que no fuera a la escuela y no aprendiera nada? ¿Cuáles podrían ser las consecuencias?

3. ¿Cuáles son las ventajas de la no violencia?

4. ¿Podrían dar un buen ejemplo de "no violencia"?

5. Elijan una de las dos virtudes sobre las que han reflexionado y escriban un texto, explicando cuáles serían las consecuencias positivas y negativas de poseer la virtud, o no.

6. Usando el texto anterior, hagan carteles para transmitirles sus reflexiones sobre dicha virtud a sus compañeros de escuela. Cuélguenlos en las paredes de la clase o en el mural de la escuela.

Puerta de salida

En equipos de 3 a 6 compañeros.

1. Lean silenciosamente la última parte de las aventuras del Quijote nordestino y examinen todas las dudas de comprensión lectora.

2. Practiquen la lectura oral en forma de juglar, con la participación de cada uno de los miembros del equipo.

Escuchando

Pista 14

Escucha atentamente la última parte de la historia de Don Quijote en cordel.

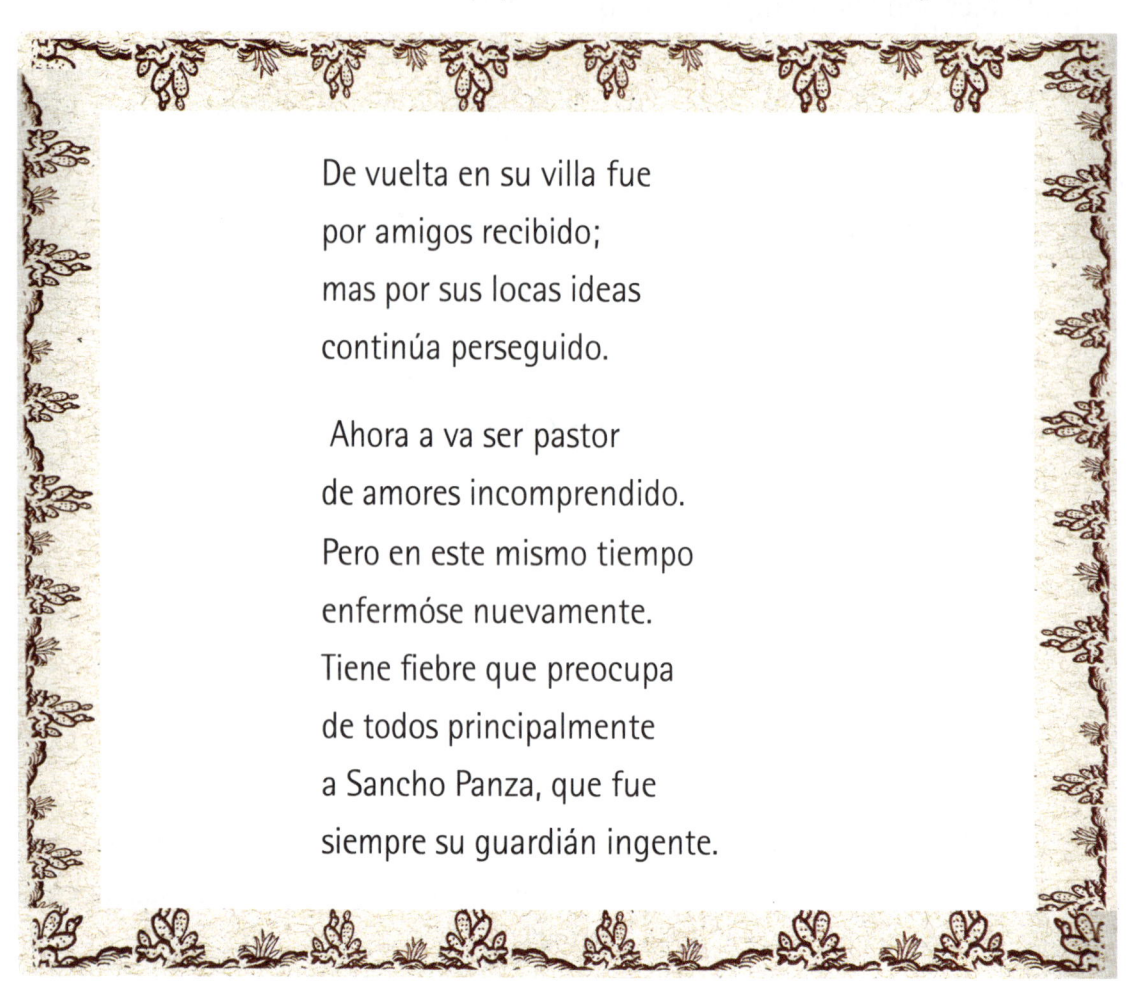

De vuelta en su villa fue
por amigos recibido;
mas por sus locas ideas
continúa perseguido.

Ahora a va ser pastor
de amores incomprendido.
Pero en este mismo tiempo
enfermóse nuevamente.
Tiene fiebre que preocupa
de todos principalmente
a Sancho Panza, que fue
siempre su guardián ingente.

Y así el fiel Sancho Panza
no lo deja ni un segundo.
El fracaso le produjo
un sufrimiento profundo.
Lo querían animar
y no verlo moribundo.

Pero de nada sirvió
y el médico fue llamado
y después de examinarlo
dijo: — Está complicado:
no hay cura para él —.
Y él oyó muy conformado.

Entonces pidió a todos
que le dejaran solito,
a las seis se despertó
y yendo muy calladito
y muy misericordioso
le rezó a Dios bendito.

— Recobré de nuevo el juicio.
Al fin veo las locuras
que cometí en mi vida
por culpa de las lecturas,
libros de caballería,
que eran tonterías puras.

Cordura: juicio, sensatez.
Freudiano: Sigmund Freud está considerado como el padre de la psicología moderna.

Sé mi verdadero nombre
(ahora cordura gano):
no me llamo Don Quijote
sino Alonso Quijano.
Pido perdón a la gente
por mi "lapsus" freudiano.

En este punto final
pide que venga el notario
para hacer el testamento,
y son sus beneficiarios
Sancho, el ama y su sobrina,
en reparto solidario.

Concluido el testamento,
en la cama se postró
y dio su último suspiro.
La muerte se le acercó
para descanso del cuerpo.
Y esta historia se acabó.

BORGES, J. Quijote en cordel. Tradução de J. A. Pérez. Brasília: Entrelivros, 2005.

Escuchando

Pista 15

La entonación de las frases interrogativas y exclamativas
Interrogativas

¿Sabes por qué utilizamos los puntos interrogativos al inicio y al final de las frases en español?

Porque la entonación de estas oraciones es diferente a las afirmativas desde el principio.

A. Al inicio estas frases suben de tono, luego suben un poco más en la primera sílaba fuerte de la frase, luego vuelven a bajar y terminan subiendo nuevamente.

Ejemplo:

¿Eres Don Quijote?

B. Cuando hay partículas como ¿sí?, ¿no? ¿verdad? al final de la oración o el nombre de la persona con quien se habla, la entonación de la primera parte de la oración es descendiente y la de la segunda es ascendiente.

Ejemplo:

¿Qué quieres, caballero?

Dulcinea es la dama más bella del mundo, ¿verdad?

C. Las oraciones interrogativas que se inician con "por qué, qué, cuándo, dónde, etc.", siguen la misma entonación de las frases afirmativas.

Ejemplo:

¿Por qué se llama Don Quijote?

¿Cuál es el final de la historia?

Pista 16

Exclamativas

Son frases que suben y bajan el tono rápidamente enfatizando el grado de la sorpresa presente en las afirmaciones. Este subir y bajar siempre se da en lo que se quiere enfatizar.

Ejemplo:

¡Mátame!

¡Jamás lo voy a jurar!

¡Daos por vencidos!

Pista 17

Ejercicios:

Escucha y puntúa las frases según la entonación que escuches, usando los signos ¡...!, ¿..? o ninguno:

a) – Suerte
   – Suerte
   – Suerte

b) – Veinte
   – Veinte
   – Veinte

c) – Escucha
   – Escucha
   – Escucha

d) – Impresionante
   – Impresionante
   – Impresionante

Pista 18

2. Escucha el siguiente diálogo y marca los cambios de entonación con ⌄ ⌃

- Acabamos de leer el Don Quijote. ¿Qué les pareció?

- ¡Me encantó! Es re divertida la historia y que suceda aquí, ¿no? Me gustó muchísimo. Y que encontremos a un caballero, a Maria Bonita y a bandoleros. Sería muy divertido salir por ahí como Don Quijote, ¿verdad?

- Claro, Pedro, pero las fantasías no siempre terminan bien.

- ¡Qué pena!

Sugerencias:

a) Organicen la presentación de su producción de todo el año, teniendo en cuenta los objetivos de cada unidad;

b) Seleccionen lo que van a exponer el día de la fiesta de conclusión del curso, desde el escenario hasta la literatura de cordel, así como el fondo musical;

c) si lo desean, usen alguna ropa característica de caballero andante, de gaucho o de "cangaceiro".

Sugerencia de lectura:
ROSASPINI REYNOLDS, Roberto (org.). La piedra movediza del Tandél. In: Cuentos y leyendas argentinos. Buenos Ayres: Continente, 2005. Tras leer el cuento, compárenlo con otra leyenda latinoamericana que explique algún fenómeno raro de la naturaleza, como ¡Laguna voladora, la de Suco! (leyenda de la región central de Argentina). Sugerencia: <www.folkloredelnorte.com.ar>.

¡Chau! ¡Buenas vacaciones!

Escuchando (solución)

Pista 1 – Unidad 1 – Pág. 16
Don Quijote
"Es la historia de las aventuras de un hidalgo rural, Alonso Quijano, que se convierte en el caballero andante D. Quijote de La Mancha para defender a los necesitados. Nombra a Sancho Panza como escudero y transforma a una labriega de El Toboso en su dama, llamándola Dulcinea del Toboso. Montado en Rocinante, su flaco y viejo caballo, sale a enfrentar los desafíos. Tras muchos episodios, con idas y vueltas, regresa definitivamente a su casa, donde se muere después de reconocer su locura, dejando inconsolable a un Sancho Panza contagiado por los sueños de su amo.

Pista 2 – Unidad 1 – Pág. 34
Don Quijote en cordel

Pista 3 – Unidad 1 – Pág. 37
Pronunciación y entonación: vocales

Pista 4 – Unidad 1 – Pág. 38
Pronunciación de las vocales con la fonética del español.

Pista 5 – Unidad 2 – Pág. 62
Don Quijote en cordel (continuación)

Pista 6 – Unidad 2 – Pág. 66
Pronunciación y entonación: consonantes

Pista 7 – Unidad 2 – Pág. 66
El sonido consonantal D, T, L, S o H.

Pista 8 – Unidad 2 – Pág. 67
El sonido consonantal J/G, V, Z.

Pista 9 – Unidad 2 – Pág. 68
El sonido consonantal R, Y. El conjunto consonantal CH, LL.

Pista 10 – Unidad 2 – Pág. 69
Trabalenguas

Pista 11 – Unidad 3 – Pág. 91
Poema de Don Quijote

Pista 12 – Unidad 3 – Pág. 94
La entonación de las frases afirmativas.

Pista 13 – Unidad 3 – Pág. 95
Caatinga.

Pista 14 – Unidad 4 – Pág. 122
Don Quijote en cordel (última parte)

Pista 15 – Unidad 4 – Pág. 124
La entonación de las frases: interrogativas

Pista 16 – Unidad 4 – Pág. 125
La entonación de las frases: exclamativas

Pista 17 – Unidad 4 – Pág. 125
Ejercicios

Pista 18 – Unidad 4 – Pág. 126
Diálogo

Referencias

BORGES, J. **El Quijote en cordel**. Cordel. Tradução de J.A. Pérez. Brasília: Entrelivros, 2005.
SPIEGEL, A.; SAPONISC, S. **Camino AL Quijote**. México: Club de Lectores, 2005.
TROUCHE, A.; REIS, L. (Orgs.). **Dom Quixote**: utopias. Niterói: Editora da UFF, 2005.
HERNÁNDEZ, José. **Martín Fierro**. Madrid: Edimat Libros S.A., 2004. (colección clásicos selección).
MUY INTERESANTE, año 22, n. 262, ago. 2007.
BRAVO. Madrid, n.361, 5 ene. 2010.
RLN, La revista de La Nación, 29 feb. 2004.
RLN, La revista de La Nación, 26 dic. 2004.
VIDA, Assunção, n. 493, 20 oct. 2007.
VIVA, La revista de Clarín, 2 ene. 2005.
VIVA, La revista de Clarín, 30 nov. 2003.

Sites:

<http://efecade.com.br/index.php?texto=1948>.
<http://manifiestodellector.blogspot.com.br/search?updated-min=2011-01-01T00:00:00-03-:00&updated-max=2012-01-01T00:00:00-03:00&max-results=37>.
<http://www.revistamagna.com.ar/index.php?option=com_content&view=article&id=1>.
<http://es.wikipedia.org/wiki/Portu%C3%B1ol>.
<www.pensandoenlasmusaranas.com/glosario>.
<http://www.musica.com/imprimir.asp?letra=1203413>.
<http://www.artelista.com/obra/1981673776502735>.
<http://www.elalmanaque.com/sanvalentin/quijote_dulcinea.htm>.
<http://www.ciudadseva.com/textos/cuentos/esp/denevi/dulcinea.htm>.
<http://www.ciudad.com.ar/espectaculos/58606/amor-y-desamor-en-san-valentin>.
<http://blocs.xtec.cat/rincondehelman/2008/10/24/cartas-a-dulcinea/#more-32>.
<http://www.redmolinos.com/hablar_espanol/trabalenguas.html>.
<http://es.wikipedia.org/wiki/Castilla-La_Mancha>.
<http://es.wikipedia.org/wiki/Regi%C3%B3n_pampeana>.
<http://es.wikipedia.org/wiki/Caatinga>.
<http://www.mre.gov.br/dc/espanol/textos/revistaesp13-mat10.pdf>.
<http://www.guiarte.com/quijote/etapas/una-ruta-de-cuatro-etapas.html>.
<http://www.portalpa.com.br/v2/noticia.php?Id=301>.
<http://www.caminodelgaucho.com.ar/Procientifico/proye_info.htm>.
<http://www.descubracuritiba.com.br/?s=exposicao&ss=expo&tid=211>.
<http://es.wikipedia.org/wiki/Jos%C3%A9_Hern%C3%A1ndez>.
<http://www.literatura.org/Fierro/mf1.html>.
<http://es.wikipedia.org/wiki/Literatura_de_cordel>.